A viagem inútil

F✶SF✶R✶

CAMILA SOSA VILLADA

A viagem inútil

Trans/escrita

Tradução do espanhol por
SILVIA MASSIMINI FELIX

UMA LEMBRANÇA MUITO ANTIGA. A primeira coisa que escrevo na vida é meu nome de homem. Aprendo uma pequena parte de mim. Estou sentada no colo do meu pai, na minha frente tem uma caixa de lápis de cor, um caderno de capa alaranjada, e meu pai pega na minha mão e me ensina a usar o lápis. Também fez isso com talheres e copos. Ele me ensina a segurar as coisas do jeito certo. Assim que aprendo a escrever as vogais e faço os primeiros rabiscos nas folhas, ele dobra a aposta e me ensina a escrever meu nome: meu primeiro nome, Cristian Omar Sosa Villada. E em seguida todo o alfabeto e depois os números, de um a dez. Tem um método preciso, letra por letra, cursiva e de fôrma. Nossa comunicação é o que confirma, depois de tanta separação e distância, que algo nos uniu nesse momento e nos deixou felizes: o ato de me ensinar a escrever.

Esse período de aprendizagem com meu pai é o que me garante que "nem sempre houve guerra entre vocês". Houve amor. Ríamos juntos.

Me ensinar a escrever é o gesto de amor que meu pai me oferece.

Quando eu antecipava uma resposta ou o surpreendia com meus avanços na escrita, ele dava pulos de alegria. Nesse instante tenho quatro anos para sempre, sentada no colo dele, inclinada sobre as linhas do caderno, descobrindo o início da escrita.

Ele me prepara para viver.

Acha semelhanças entre sua linguagem e a minha para me explicar melhor as coisas. A letra "a" se parece com tal objeto. A letra "b", com outro. Essa letra que parece tão difícil quase não é usada. Mas é parecida com isso. Lembro que o 2 parece um patinho. O 1 é um palito. O 4, uma cadeira de ponta-cabeça. Tenho muitos cadernos onde escrevo tudo o que meu pai me ensina. Sempre que ele volta do trabalho ou quando escapa da sua outra família e vem nos visitar, me dedica esse gesto de amor. Eu aprendo rápido.

É também um gesto que deixa minha mãe de fora do nosso vínculo. Por uma única vez, temos um espaço que não precisa de intermediários. Isso nunca mais vai acontecer entre nós.

A escrita nasce desse momento. O desejo de escrever constata que sou fértil, que sou uma fêmea viável para incubação, ele põe seus ovos e eu os carrego dentro de mim como uma mãe.

Agora surge a oportunidade de escrever esse momento, o da origem da minha escrita. É a imagem de um pai com sua cria, cuidando dela, protegendo-a do analfabetismo, de não saber ler — o que deve ser uma das coisas mais tristes do mundo. Quando vou para o jardim de infância, as professoras não precisam me ensinar a ler e escrever, chego na escola com um privilégio: meu pai se encarregou de me ensinar antes.

Começamos com esse gesto de amor e terminamos muito afastados um do outro. No fim, sou tudo o que meu pai nunca quis para um filho. Tendo aprendido a ler e escrever, essa lembrança é apagada sob as ruínas deixadas pela violência, pelo alcoolismo, pela indiferença e pela solidão que experimento desde o nascimento até sair de casa, aos dezoito anos. Percebo que esse conhecimento do nosso afeto, na minha infância, é uma revanche para a nossa história. Saber que estivemos tão próximos, ocupados com algo tão bonito como aprender a escrever meu nome num papel, me causa uma felicidade que não consigo aguentar. Como dizia Borges, sempre exageramos as felicidades perdidas.

Agora que a escrita me oferece seu espaço para falar disso, digo que foi um presente, que meus pais me deram a escrita. Outros pais dão ao filho uma bola, um animal, uma TV no quarto, mas o meu me presenteou com a possibilidade de escrever.

Não sei se alguma vez ele imaginou que, com isso, pudesse acabar tendo um filho escritor. Não sei quanta ingenuidade havia no ensinamento dele. Também digo que para um pai não deve ter nada mais horrível do que um filho escritor. Esse ofício inútil e inexplicável que um filho escolhe para si como destino, bem debaixo do nariz dos pais, jogando na cara deles o hábito da solidão, do distanciamento. Não, não é só decepção o que um pai experimenta quando vê que seu filho não se torna uma versão melhorada de si mesmo, é todo o preconceito em torno do escritor, que afinal é o mesmo preconceito que existe em relação à travesti. Acho que nem por um segundo meu pai pensou que estava me dando a chave da escrita. Uma filha travesti, escritora, um monstro desse tamanho, retorcido em si mesmo, prisioneiro do mundo, sempre propenso a cair em covas cada vez mais profundas, uma criatura lamuriosa, solitária, sempre pronta para se rebelar, até mesmo quando os ventos estão a seu favor. Haja paciência para ser pais de sujeitos assim, como eu.

Nesse sentido, eu sinto compaixão por meus pais.

Meu pai tinha nos levado, minha mãe e eu, para morar numa cidadezinha chamada Los Sauces. Nessa época, era deprimente a perspectiva de viver num vilarejo como esse. Hoje também é. Até então, minha mãe e eu tínhamos morado na garagem da casa da minha avó numa cidade como Córdoba, mais ou menos grande. E, depois de ter desaparecido por muitos meses, de repente meu pai voltou e nos levou para lá, para essa cidadezinha localizada entre San Marcos Sierras e Cruz del Eje, longe de tudo o que conhecíamos, com mil infortúnios aos quais devíamos nos acostumar. Viver no campo, tão longe do cinema, tão longe das livrarias, das sorveterias, do Centro, dos outros. Viver sem luz elétrica, sem água corrente, sem os ruídos da cidade que rompem o silêncio, sem amizades, com toda a natureza reinando ao nosso redor e nós, minha mãe e eu, com medo de tudo. Dos morcegos, dos uivos que nunca tínhamos ouvido antes, da proximidade da montanha, cheia de promessas e perigos.

Meu pai montava armadilhas para os gatos silvestres e as raposas que matavam as galinhas, e mesmo assim dormíamos todas as noites com medo de ser comidas pelo mundo selvagem do entorno. Os gatos e as raposas nunca caíram nas armadilhas, mas uma lontra caiu. Uma lontra que batizamos de Coca e que ficou com a gente, como um bicho de estimação. Ela cresceu, ganhou peso, se curou da pata ferida pela armadilha e depois voltou para seu reino de lontras no riacho. O riacho que atravessava nosso quintal, nem um pouco mais bonito do que o agrião nas suas margens.

As cobras vinham trocar a pele na varanda da casa.

O telhado era de madeira e os morcegos se aninhavam ali, como donos e senhores, bem em cima da nossa cabeça.

Os barbeiros passeavam pelas nossas roupas.

E minha mãe estava muito triste.

Tinha 27 anos.

Pensando bem, ninguém aos 27 anos devia aceitar um abandono tão feroz. Mas ela aceitou, aceitou o abandono do meu pai, concordou em ser abandonada, e ali estávamos nós.

Essa vida durou só dois anos, mas nesses dois anos senti a ferida da vida começando a se abrir em mim, com grande intensidade.

Isto que escrevo é para andar um pouco sobre essa ferida, com os pés lambuzados de sal.

Primeiro vem em forma de histórias infantis. Uma mais importante que a outra. São muitas. Sempre que tem oportunidade, minha mãe me presenteia com um livro de histórias infantis. Conheço todos os clássicos. Ela deita ao meu lado e lê. Com as longas unhas pintadas de vermelho, o esmalte descascando de tanto lavar roupa, de tanto lavar pratos, de tanto limpar a casa e cozinhar, ela me aponta o que vai lendo. Então a leitura entra na minha cabeça sem avisar, sem dizer nada. É impossível dissociar a aprendizagem da leitura dessa unha de esmalte descascado que vai percorrendo palavra por palavra. E por que uma letra é diferente da outra? E por que essa letra "a" é diferente daquela letra "a"? Ela explica tudo. Quando não tem dinheiro para livros, ela inventa a história do gatinho branco que desobedeceu à mãe e as lixeiras o confundiram com um saco de lixo branco. Sua mãe tem de resgatar o filhote do depósito de lixo. O gato se chama Moñito.

Um dia minha mãe aposta mais alto e me dá uma Bíblia para crianças. Um livro imenso e pesado com letras enormes e desenhos maravilhosos. Usa o mesmo método para ler para mim. Ela deita ao meu lado e com o dedo vai apontando cada palavra que lê. Assim, em pouco tempo terminamos o livro. Admiro Jesus pela temperança e pela bondade. Tenho cinco anos. Moramos em Los Sauces e tudo parece distante. Todos se esqueceram de nós, até meu pai.

Tão longe estamos, minha mãe e eu, que nos acostumamos a ser duas camponesas. Ela se diverte lendo histórias em quadrinhos e romances de amor que a vizinha lhe empresta. Como não temos eletricidade, lemos à luz de velas. Podemos passar horas lendo, uma ao lado da outra.

Um dia acontece. É um dia milagroso para nós duas. Ela está lavando roupas na parte de fora do cortiço de pedra e adobe no qual sobrevivemos. Estou nos fundos, entretida com a Bíblia para crianças que minha mãe leu várias vezes para mim, e de repente abro a boca e as palavras começam a jorrar. Faço isso em voz alta, como todas as crianças que aprendem a ler, e muito desajeitada, como os primeiros passos. Leio sem saber. Simplesmente sigo meu corpo. Minha mãe vira, surpresa, como se tivesse visto um fantasma. De longe, ao lado das bacias, ainda com as luvas de borracha, ela me pergunta o que estou fazendo. Olho para ela, incapaz de responder. Você está lendo?, ela pergunta. Mas não posso afirmar ou negar. Não sei o que estou fazendo. Você está lendo, filho?, ela me pergunta de novo e vem até mim, espia sobre meu ombro e me pede para continuar o que estou fazendo. Você está lendo!, grita. Ela me beija, me levanta, se emociona. Você está lendo!, grita de novo.

Talvez seja um dos dias mais felizes e inesperados da nossa vida. Contra toda a solidão e a tristeza de viver nesse lugarejo, onde o único entretenimento é sentar e ver os carros passarem pela rua, nesse povoado onde tivemos de ancorar sozinhas, nesse lugar onde tudo chega atrasado, onde não temos luz elétrica, nem gás, nem esperança de nada, ali aconteceu que, sem querer, sem suspeitar, minha mãe me ensinou a ler. E eu aprendi. Então ela fica muito feliz e me diz: Agora você vai poder ler sozinho, não vai precisar mais que eu leia para você. Sinto isso como uma grande perda, mas ela logo se apressa em me dar todos os seus quadrinhos para que eu leia: *Patoruzú*, *Patoruzito*, *Capicúa*, *Popeye*, todos os seus quadrinhos para eu continuar praticando.

Nessa época minha mãe é uma mulher muito jovem, e é a mulher mais bonita que conheço.

A leitura acaba por nos separar. Eu me tranco no quarto para ler tranquila, e meu único mundo conhecido, o da minha família, o dos meus pais, o mundo desse lugarejo inóspito, deixa de me interessar completamente. Não presto mais atenção na violência e na paixão dos meus pais. Ali, lendo na minha cama, o mundo é gentil. Encontro um refúgio, que é o que eu mais procuro nessa idade. Um refúgio. E, acima de tudo, descubro que existe um poder no exercício da leitura. O poder do prazer da solidão. Não estou interessada em mais nada. Logo depois, como consequência inevitável, vem a prática da escrita.

Se a leitura me exime da vida familiar na medida em que sou perdoada por tudo, por ser tão aplicada aos livros, escrever faz com que eu me encontre comigo mesma. Na escola, começam as produções de texto e me dizem que eu tenho talento. Enviam bilhetes aos meus pais elogiando minhas composições. Não estou ciente, naquele momento, de que sou eu quem escreve. Entendo isso muito mais tarde, mas o momento de incandescência está lá, na escrita.

Uma tarde, em Los Sauces, cheia de tédio, saio com minha mãe para roubar laranjas.

Estávamos andando no meio da estrada que unia uma cidade a outra. Íamos com uma vizinha que chamávamos de Mimí. Os únicos vizinhos com quem interagíamos eram Mimí e seus pais: seu Lalo e d. Carmen. Eu gostava dessa família: às vezes eu ia à casa deles e me deixavam ver TV até minha mãe ir me buscar, no finzinho da tarde.

Contudo, nesse dia em que fomos roubar laranjas, fiquei destroçada para sempre. A proteção que me mantinha a uma distância segura do conhecimento do perigo se rompeu e me deixou exposta, visível aos olhos da dor, que desde então tem sido uma amiga íntima.

Estávamos andando no meio da estrada e eu fiquei para trás. Minha mãe e a amiga queriam falar algo que eu não podia ouvir. Eu me distanciei delas, distraída com bobagens. E então levantei a vista e as vi andar na minha frente ao longo de uma estrada deserta, prontas para pular o arame farpado e entrar num campo para roubar laranjas. E o céu estava cinza, daquela cor de Semana Santa, daquela cor de domingo de Páscoa, quando tudo fica triste e inexplicavelmente melancólico. Fiquei parada por um segundo e pude identificar que o que se agitava dentro de mim, de um lado para outro, era tristeza. Dei um nome a esse sentimento: estou triste, disse a mim mesma. Mas não era uma tristeza qualquer: era compreender por que minha mãe estava assim, triste, nesse lugar. Foi um momento de compaixão, de um menino de seis anos com pena da mãe. Compaixão por esse desejo de escapar de qualquer forma do tédio e da separação do marido, que mais uma vez tinha ido embora. Pelo desejo de cometer uma travessura como roubar laranjas, de cometer um erro. De arruinar tudo.

Essa foi minha grande descoberta. Uma tristeza capaz de ser reconhecida, proferida, localizada dentro de mim, localizada desde esse dia e para sempre em lugares possíveis de ser encontrada.

Acho que não tinha gostado da ideia de roubar laranjas nem de ver minha mãe encaixada nessas paisagens que não a mereciam.

Eu digo: primeiro a escrita, depois a tristeza. E é uma vitória sobre esse desígnio da minha família que nunca aceitou sua pobreza: primeiro eu soube escrever e depois aprendi a ficar triste.

O fato de minha mãe ter sido a primeira pessoa no mundo que me ouviu ler nos une num pacto de ternura. A imagem da ternura. A lembrança do espanto dela diante do meu aprendizado.

Portanto, meu pai me ensinou a escrever, e minha mãe, a ler. Eles me levaram para a borda de uma floresta e me deixaram ali sozinha, esperando que eu entrasse e me perdesse para sempre.

Depois de um tempo nos mudamos para Cruz del Eje e minha mãe comprou quatro romances para que eu me distraísse, pois não tínhamos televisão. *Caninos brancos* e *Jerry na ilha*, de Jack London; *O livro da selva*, de Rudyard Kipling; e *Under the Lilacs* [Sob os lilases], de Louise May Alcott. Quando me canso de ler, ela continua em voz alta para mim.

Escrevo diretamente inspirada pelo que leio. Imito as paisagens, os tons, invento crianças selvagens criadas por animais, escrevo poemas de amor às minhas professoras, aos meus pais, e assim, como se não fosse nada, salvo minha vida. Salvo minha tristeza. Invento um mundo só para mim.

É como se, com a chegada da leitura e da escrita, também tivesse chegado o talento para mentir, inventar, exagerar e esconder. Descubro que tenho um poder. O poder de mentir e ser crível. Minha primeira grande mentira é que sou milionária. Digo isso a todos os meus coleguinhas na escola. Escondo deles a pobreza em que vivemos e eles acreditam em mim. Uma colega, sabe-se lá por quê, entra na onda e confirma todas as minhas mentiras.

Um dia, passo mal na escola e minha mãe tem de vir me buscar. Quando ela entra na sala de aula, meus colegas perguntam se as mansões, as limusines, as empregadas e os mordomos, os tigres nas gaiolas, os macacos nos galhos são verdadeiros, e minha mãe ri e diz que não. Que outra coisa poderia ter dito? Só lembro que não mentiu por mim, apesar das mentiras que ela me forçava a contar. Eu já estava acostumada a mentir por ela e pelo meu pai. Acostumada a esconder certos detalhes da vida de um e do outro, a pedido deles. Não diga isso à sua mãe, não conte ao seu pai. Tenho de aprender a esconder ou mentir sobre suas infidelidades e seus erros. Com tantos segredos, era evidente que eu só poderia acabar escrevendo.

Nessa época, também descubro que gosto muito de um vizinho que chamavam de Pequeno. Um ladrãozinho de brinquedos loiro que me deixava louca de amor. Aparentemente, ele também era apaixonado por mim. Aproveitávamos cada brincadeira para nos apalpar e nos despir e nos perder nas montanhas, dizendo um ao outro palavras de amor, brincando de papai e mamãe, fantasiando sobre ter filhos. Isso não o impede de roubar meus brinquedos. Minha mãe suspeita de algo e me proíbe de brincar com ele. Então lhe escrevo cartas como se tivesse nascido para isto, para escrever cartas de amor, para escrever melodramas.

ESCREVO PARA QUE UMA HISTÓRIA SEJA CONHECIDA.
A história do meu travestismo, da minha família, da minha tristeza na infância, de toda essa tristeza prematura que era minha família, o alcoolismo do meu pai, as carências da minha mãe. As mudanças que me afastavam para sempre dos amigos, da atmosfera do meu quarto, dos hábitos do pátio, da segurança de um esconderijo. Escrevo para poder contar as imagens que povoaram minha infância. As paisagens do campo onde compreendi que existia tristeza, o momento em que peguei a tristeza da minha mãe e a tornei minha, esse momento em que, muito criança, decidi me condoer pela tristeza da minha mãe.

Também para contar a luta da minha família contra a pobreza, uma luta que nos devastou e nos encheu de rancor, desgosto e indiferença, todos contra todos.

Era preciso nos preenchermos com algo, não nos permitirmos o vazio da pobreza, o silêncio da miséria. Sempre em busca de ter algo, como uma súplica ao deus da ambição. Vulgares ao extremo, enchendo de quinquilharias as paredes dos nossos quartos, com imagens de santos e virgens, com cortinas cafonas que serviam para cobrir as paredes descascadas, as manchas de lápis de cor sobre a pintura, os olhos dessas paredes pobres que nos olhavam.

Nunca aprendemos a viver em paz essa pobreza que nos cabia. Não podia ser de outra forma. Habitar tranquilamente essa pobreza teria significado nos questionar sobre as coisas, sentar e olhar para nós mesmos com nossa solidão.

Permitimos que a loucura nos domine por completo para resistir à pobreza.

Essa luta contra o nada é o que eu tento escrever, para que não continue se reproduzindo. Acho que a literatura põe em evidência a inutilidade da nossa luta, confundida para sempre como inimiga.

Meus bisavós, meus avós e meus pais pensaram que era tudo culpa da pobreza. Tenho certeza de que não havia inimigo na pobreza, que o inimigo sempre foi a ideia do trabalho e do sacrifício. Os únicos inimigos éramos nós, nossas heranças, nossas tradições, nossa vocação de servidão, nossa rebeldia reprimida. Em geral, o inimigo sempre tem um nome e sobrenome, e a batalha é vencida quando conseguimos nos libertar desse inimigo. Seja porque o anulamos, porque o matamos ou encontramos um inimigo melhor.

Escrever sobre isso é minha maneira de situar todas as vidas que me precedem num ponto concreto da história. Eu me envolvo com a antiguidade do mundo.

Para minha família, não deve haver profissão mais inútil do que a escrita. Escrever não dá dinheiro, não compra carros, não constrói casas, não leva para as férias; escrever nada mais é do que desperdiçar tempo, a única coisa que se tem. A perda.

Eles me deram esse presente, me ensinaram a ler e escrever, mas sempre acharam que não era nada mais que um passatempo. Não admitiam que havia um cansaço na escrita, inclusive uma doação ao que se escreve que está além de todas as forças, como eles fizeram com seus patrões. Para eles, escrever não produzia nada. Era um ato de vagabundagem. Costas não calejadas. Assim dizia meu pai: os escritores não têm as costas calejadas.

Escrever foi minha renúncia a tudo o que ele considerava produtivo.

Sempre rondo minha infância, dou círculos dentro de mim. Tenho outra idade quando escrevo. Sou uma menina travesti perversa e problemática. Sou a garota que foge dos pais e acaba nos braços da literatura. Ou que acaba por ninar a si mesma quando escreve.

Numa das muitas separações, minha mãe guardou as coisas do meu pai em grandes caixas de papelão e deixou num canto da casa para ele levar embora. Quando minha mãe cochilava, eu ia bisbilhotar as coisas do meu pai, levada pelo vício da curiosidade, o vício saudável da curiosidade. Foi assim que descobri outra versão dos meus pais. Então comecei a olhar para eles de outra forma.

Em alguns envelopes de papel pardo havia muitas cartas de amor, quase poemas, que meu pai tinha escrito para minha mãe. Diante da potência de alguns sentimentos como amor ou ódio, eles optavam por se comunicar por meio de cartas. Diziam um ao outro o que nunca diriam cara a cara, olhos nos olhos, porque tinham sido criados para sempre se curvar às exigências do mundo, para dizer sim, para dar tudo de si até a última gota, mesmo que não quisessem. Então o fato de escrever cartas se tornou uma espécie de cidade construída sobre as ruínas de uma guerra, como um refúgio. Havia um tráfego de emoções feitas em silêncio, achatadas a ponto de caber no papel mais fino. Escritas com erros ortográficos imperdoáveis.

Entre as cartas do meu pai, minha mãe enfiara as dela. Tinha posto entre as cartas que meu pai lhe escrevera todas as cartas que ela havia escrito para ele. Como se estas cartas não lhe pertencessem. Ela estava dando suas cartas.

Nessas caixas de papelão que prenunciavam separações definitivas, estava toda a literatura dos meus pais.

Enquanto isso, eu continuava escrevendo. Na quarta série, ouço um poema de Lorca: "La rosa mutábile". Aprendo o que é metáfora.

Estou diante da poesia como se assistisse a um filme maravilhoso. Quero ser eu a que escreve o poema sobre a rosa que envelhece num dia.

Começo a escrever poemas mais longos, quero escrever como adulta.

Desse ano, eu me lembro de como ficava feliz quando usava shorts debaixo do avental da escola, porque fingia que era uma saia. Cabelo curto, preto, muito liso. Escrevendo poemas para me parecer com Lorca.

VOLTANDO MAIS NO TEMPO. Minha avó paterna escrevia poemas para os santos como se escrevesse poemas de amor. Era apaixonada pelas estátuas de gesso que acompanhavam sua viuvez. Escrevia poemas curtos em qualquer pedaço de papel que encontrasse na mesa. Num arroubo de inspiração, agradecia e suplicava com poemas que depois guardava dentro de uma caixa de costura.

Ela não chamava de poemas, dizia que eram orações aos santos. Eu discutia com ela que eram poemas e ela me falava que eu estava blasfemando. Que uma oração sagrada não pode ser chamada de poesia.

Ela morreu acreditando que escrevia palavras santas quando, na verdade, o que tinha escrito não passava de poesia mundana e profana.

Meus bisavós maternos eram analfabetos, não sabiam ler nem escrever. Sabiam como criar filhos para dar ao patrão como mão de obra. Sabiam como aumentar e sustentar a fortuna do patrão. Sabiam como se calar diante do som do dinheiro alheio. Sabiam cozinhar, carregar crianças no colo, sabiam construir muros, semear e colher, cuidar da terra para que desse frutos, sabiam como falar com pássaros e cães, sabiam como se preocupar quando a rotina se quebrava, sabiam como ser gentis e orar, contar o dinheiro que sempre lhes escapava das mãos, mas não sabiam ler nem escrever. Assinavam com uma cruz. Apesar disso, imprimem na minha mãe esse manto carcomido de glamour digno de ser contado. A orfandade, a beleza, os sonhos que deixaram no meio do caminho, é preciso ver como se tornam pesados com o tempo os sonhos de uma mulher como minha mãe, que ainda acredita que pode fazer algo em relação a mim. Preencher todo esse vazio de ternura que também foi sua herança com uma filha travesti que se separou para sempre dela quando aprendeu a ler e escrever.

Nesse sentido, escrever é sempre um trabalho preciso. Nós nos convertemos em ourives, como Aureliano Buendía com seus peixinhos de ouro. Afundamos ali, navegamos nesse mar de petróleo onde todas as lembranças nadam, onde especificamos um nome e uma emoção para cada momento importante da nossa vida, ao qual sempre chegamos como no nascimento: nus, indefesos e cheios de medo. Escrever é como passar um filtro nessas recordações que são procuradas na memória. A escrita é a coisa pesada da lembrança que não consegue passar pelo crivo da nossa memória. É também essa parte da memória que pode se tornar mentira, que pode ser julgada, ampliada, traída e amaldiçoada. O que não é filtrado é o que se dispõe a ser escrito. O resto está muito longe de nós.

Certo dia adoeci e não tínhamos dinheiro para comprar livros. Minha mãe fica preocupada porque preciso repousar e não tenho nada para ler. Uma vizinha avisa: no bairro tem uma mulher que deixa as crianças irem fazer a lição da escola na biblioteca da sua casa, para que usem os livros. Minha mãe vai até a casa dela e pergunta se é possível se associar à biblioteca, explica que estou doente e que sou leitora voraz. Ela empresta um livro de Alberto Moravia. Assim começa minha amizade com Elba Merlo de Fuentes, minha amiga septuagenária da adolescência, a via pela qual os maiores escritores de todos os tempos entraram na minha vida.

Eu saía da escola e ia para a casa dela, e lá ficávamos conversando sobre leitura, sobre escrita. Ela escrevia poemas para o vale. Era membra da família fundadora do povoado e levava isso muito a sério. Usava chapéus de palha adornados com flores. Cultivava rosas lilás no jardim. Os móveis da sua biblioteca eram de madeira escura e brilhante, a capa dos seus livros era de couro, ela se desmanchava toda por causa das edições em papel de arroz, fazia seu próprio licor de tangerina e me convidava para bebê-lo, como uma travessura. Uma velha xamã dando bebida à discípula. Tudo era pecaminoso, nossa amizade, nossa cumplicidade cega, o tráfico de livros, a edição de *As mil e uma noites* com gravuras pornográficas e erotismo. Como escritora, eu também sou essa amizade, a adolescente gay com sua bruxa mais velha, que se amam como uma avó e uma neta. Unidas pela palavra.

Meu pai não gostava dela. Dizia que eu vivia na sua casa, que estava perdendo tempo, que tinha muito trabalho a fazer, que o trabalho sempre vem primeiro, que ela enchia minha cabeça com ideias comunistas, que não era possível.

Mas foi possível sim, e foi uma cumplicidade, acima de qualquer outra coisa.

Ela foi minha mentora. Me encorajou a escrever, me encorajou a ler. Ela me escolheu entre os demais e me tornou sua amiga.

Dela, tenho o exemplar de *Ceremonia secreta*, de Marco Denevi. Quando me baixa a "Soseada", como eu digo, pego o livro e ponho na minha mesa de cabeceira, imaginando que ela está comigo.

Alguém deposita fé em nós, até que enfim, e a gente escreve.

Meu primeiro ato oficial de travestismo não foi sair à rua vestida de mulher, como todas costumam fazer. Meu primeiro ato de travestismo foi pela escrita.

Tinha começado o ensino médio e estava apaixonada pelo professor de educação física. Perdida e confusa, sem poder contar a ninguém meu maior segredo, decidi começar a escrever. Dei à luz um alter ego com o nome mais óbvio que poderia me ocorrer: Soledad. Soledad era eu mesma como protagonista de um romance horrível em que me apaixonava por um professor do ensino médio, e no qual mencionava algumas peculiaridades dos meus colegas de escola. Escrevi esse livro à mão, com caneta azul em folhas de caderno. Esse romance, no qual pela primeira vez eu falava de mim como uma mulher, não teve fim. Mal cheguei a escrever dois ou três capítulos bastante longos e entreguei à pessoa mais próxima de mim na época, a primeira pessoa a quem eu tinha confessado minha "homossexualidade", uma das primeiras amigas que tive, dessas com quem são compartilhados os primeiros segredos da nossa vida e, sobretudo, da nossa infelicidade.

O romance me retratava como uma adolescente sexy sem escrúpulos em relação à sexualidade. A única coisa que lembro com precisão era o momento em que meu amado professor de educação física me sequestrava e me levava para viver nas montanhas, onde fazíamos amor como um casal de lobos irresponsáveis.

É claro que confessar essas fantasias não foi uma boa ideia. Minha amiga mostrou o romance aos pais. Preocupados com minha doença, isto é, minha homossexualidade, os pais mostraram à diretora da escola, a diretora da escola mostrou ao professor de educação física objeto dos meus amores, e então fui chamada e me disseram que não era uma boa ideia sair por aí dizendo que eu era homossexual, e muito menos escrever uma história como essa.

O professor de educação física se tornou invisível para mim, meus colegas começaram a me rejeitar abertamente, e a direção da escola ameaçou contar tudo aos meus pais, porque minha viadagem não era mais só uma suspeita. Fiquei sem amigos.

A partir de então, tudo se tornou difícil: por causa desse ato de travestismo literário, toda a minha vida virou do avesso, embora seja injusto dizer que foi por conta da escrita. Mas as provas estavam no papel e eu não queria negá-las. Foi por uma traição, por uma traição que acelerou um pouco o tempo. O bom é que, aos treze anos, além de escrever um pequeno romance água com açúcar do estilo das *Sabrinas*, também me dei conta da doçura da vingança. Minha ex-amiga traiçoeira teve de mudar de escola, argumentando que eu tornava sua vida impossível, o tempo todo. E isso eu não nego, fiz todo tipo de maldade com ela até que mudasse de escola. Essa dor que ela me causou também teve seu custo, ou seja, nós duas pagamos pelas nossas decisões.

A literatura também foi uma arma de vingança. Eu escrevi panfletos anônimos contando todos os segredos que ela me confiara.

Depois de ser descoberta diante de todos como uma travesti precoce, decidi não me esconder mais, exceto aos olhos dos meus pais. Vieram outras amigas, outras cumplicidades, como Jésica, minha amiga mais íntima da adolescência. Com ela mantive uma correspondência diária por dois meses, durante os quais fui castigada por ser travesti.

"Castigada por ser travesti" é um título fantástico para um conto.

Um verão, quando eu ainda não tinha completado dezesseis anos, meu pai chegou cedo do trabalho e me encontrou na sala de jantar vestindo uma saia que eu mesma tinha costurado com o forro de veludo de uma almofada.

"Mas que puta!", disse ele e saiu de casa.

Das outras vezes que ele tinha me descoberto na mesma situação foi violento, veio para cima de mim e tirou minha saia a cintadas, como ele gostava de dizer. Mas nesse momento, aos dezesseis anos, ele reserva uma cortesia para mim: não me bate, fecha a porta e deixa que eu me troque sem ele me ver. Acho que se dá conta da minha humanidade, da minha intimidade, parece sentir-se um pouco envergonhado por ter me visto como eu era: uma travesti de dezesseis anos que não queria obedecer. Que desejava fugir às regras do seu governo, do governo do meu pai e dos pais dele e dos pais de seus pais que também são a razão da escrita.

Depois de me pegar de saia curta, ele decide que eu não posso mais sair de casa. Minha amiga Jésica se preocupa porque eu desapareço de repente, vem à minha casa e espera meus pais saírem para falar comigo. Espera por muito tempo até que meus pais saem no carro para o Centro. Então ela bate na porta e nos vemos. Eu lhe conto tudo e combinamos de nos escrever uma carta por dia.

E é isso que fazemos.

Ao reler algumas delas, entendo que essa inocência foi perdida. A inocência da literatura como arma de comunicação. Escrever com tanta clareza, dizer as coisas de modo tão simples, contar o que acontece dia após dia no quarto em que estou trancada e de onde saio apenas para cumprir as tarefas "de homem" que meu pai exige de mim. Alguns detalhes dessa filosofia já não podem ser escritos como eram na época. Não escrevo mais assim, mas admito que também não sinto falta. Posso imitar essa voz, a voz inocente com a qual escrevi as primeiras palavras da minha escrita, e isso se parece bastante com uma segunda inocência. Uma segunda chance de inocência.

ACREDITEI POR MUITOS ANOS QUE ESCREVIA a partir do horror. Que o horror sustentava tudo, até mesmo a escrita. As palavras brotavam do horror como água de uma nascente. Por conta dessa necessidade de deixar tudo por escrito, a infância, a adolescência complicada como todas as outras adolescências do mundo, durante muito tempo o horror deu sentido às palavras. Era inconcebível escrever sobre a felicidade ou a partir dela. E de repente a psicanálise apareceu e isso mudou, e começaram a vir à tona as boas recordações que exigiam as próprias palavras, o próprio lugar na página, e então a escrita se tornou vasta como uma praia brasileira e cheia de cores e perfumes. Chorar de alegria é como chuva com sol.

A palavra "sofrimento", na inspiração, ocupava tudo. Seus domínios se estendiam desde a infância até a morte. Era impossível escrever sobre qualquer outra coisa que não fosse o sofrimento. Às vezes, quando uma faísca de amor aparecia, eu conseguia me distrair um pouco, mas o amor, como se sabe, também traz o sofrimento escondido sob as roupas. Como um ator ruim, o sofrimento roubava minha atenção de forma antiética, sem vergonha.

Recentemente me disseram: a síntese é o oposto da análise. A escrita é analítica na medida em que esmiúça com mais precisão determinados acontecimentos. Na análise, abri as janelas e dei lugar a outras perspectivas a fim de olhar para esses fatos que escrevo. O sofrimento, que nunca pode ser completamente dissipado, foi pelo menos distraído. Os outros olhos com que vejo minha vida mudaram a escrita por completo. Eu diria que existe um antes e um depois da psicanálise. Apareceu um mundo novo sobre o qual escrever. O surgimento da luz colorida, como costumo dizer. A compreensão da felicidade, a compreensão do amor, da existência do amor em determinados gestos, como a febre da minha mãe para me comprar livros ou a do meu pai me ensinando a escrever. Isso mudou a escrita quase como uma morte. A morte do protagonismo do sofrimento. Em mim e no que escrevo.

A inspiração provavelmente está ligada a uma impossibilidade. À palavra "não". Que tudo nasça desse impossível.

Eu me afastei dos outros, das pessoas que inevitavelmente me rodeavam na escola, nos clubes. Eu diria que me afastei de todos, diria que foram muitos os personagens de quem me mantive distante durante toda a minha vida. Abandonei uma vida sociável, amistosa, a vida heterossexual e ligeiramente gay daquela época, deixei tudo isso para trás, renunciei. O fato de eu ter renunciado a eles muito jovem, de ter decidido não ser mais filha de ninguém, amiga de ninguém, sem um documento que me comprove como cidadã, me conecta, por outro lado, a um enorme abismo, ao silêncio das coisas que dão vida à escrita. Imaginem um adolescente despontando para o mundo que escolhe renunciar à vida familiar e faz isso de todas as formas, renuncia em todas as direções, em todos os âmbitos e a todos os costumes. Escolhe essa impossibilidade, essa renúncia. E o desejo se sustenta na escrita. Assim eu era nessa época. Doente de rebeldia. Sempre olhando para dentro. Apaixonada pelo impossível.

Se eu não escrevesse, é bem possível que minha vida tivesse sido um inferno. Eu teria me suicidado, cansada de ser invisível até para mim. Eu teria me matado sem a escrita, nem que fosse para chamar atenção, por ser estúpida, por fazer isso muito bem. Por me matar bem. Fantasiava que me encontravam morta num altar como uma virgem latina trans, depois de deixar o gás aberto. Apoiada na mística. Sem a escrita, não havia possibilidade de viver.

Vou atrás das sensações que surgiram após essa renúncia. Escrevo assim, nadando numa fonte cheia de sensações, de imagens que ditam seu próprio retrato. Estou aqui, nessa fonte.

Escrevo recordações, como a do meu pai me ensinando a ler e escrever com uma técnica perfeita.

Toda recordação espera ser escrita. A gente vive nossa vida com o espírito de escrever. Mas, nesse sentido, a escrita fica muito atrás da memória, é impossível atingir a velocidade da memória, e ainda mais atingi-la enquanto se escreve. Os pensamentos são rápidos, muito velozes para esse ofício que continua andando no compasso de uma letra após a outra, uma palavra dando a mão para a outra, no ritmo de uma mulher cansada. A gente senta para escrever e entra nesse tempo lento que nunca chega ao paradeiro da memória.

A memória sustenta a escrita. Escrever é escrever recordações.

Para escrever, vou atrás dessas lembranças, inclusive de sonhos e expectativas que nada mais são do que recordações. Escrevo a partir de mim e para mim. Algumas vezes compartilho a mim mesma, compartilho o que escrevo, mas isso não significa que eu me abra para o mundo, e sim que trago visitantes para a minha intimidade. Prefiro que o leitor entre em mim a ter de buscá-lo. Não poderia fazer isso, sou o tipo de escritora que parece um receptáculo. Não vou às ruas, nem às pessoas ou às reuniões. Eu os convido a viajar dentro de mim, e é assim desde que aprendi a falar e a memória começou a se movimentar.

Eu poderia dizer que existem dois tipos de escritores: os que escrevem fantasias e os que escrevem recordações. Eu estou entre os últimos.

Sempre se trata de mim.

Tudo o que eu sou capaz de escrever já existe, meu trabalho é roubar da memória uma impressão, um daguerreótipo. Roubar do passado um pedacinho da sua construção e escrever.

Eu sento diante do computador e é como o início de uma viagem. Às vezes essa viagem só serve para não escrever, nada se extrai de algumas expedições. Escrevo e apago, como antes escrevia e jogava no lixo o que escrevia. É tão lindo. É tão bom destruir o que está escrito, porque a gente tem a sensação de destruir a si mesma. Eu chamo isso de viagem inútil, o que está na cabeça e não pode ser escrito. A vida que não se escreve.

Meu travestismo é como um ancestral da inspiração. Como uma tia boa a quem a gente recorre em momentos de angústia. Mesmo quando eu era criança e não podia dizer nada sobre meu desejo, mesmo nas brincadeiras em que eu me vestia com as roupas da minha mãe e maquiava o rosto às escondidas no meu quarto, na hora da sesta, quando meus pais descansavam, o travestismo já estava lá determinando o que se tornaria mais tarde o caráter das minhas palavras. Na verdade, escrevi e me travesti por muito tempo a portas fechadas. Meu pai e minha mãe sempre souberam o que eu fazia no meu confinamento voluntário, mas foi isso que nos salvou de nos matar uns aos outros. Meu segredo, escrever e ser travesti, expulsou-os do meu mundo e me salvou do ódio deles. O desejo de ser travesti, calado durante tantos anos, vivido como um eterno "descer do salto", a decisão de deixar para trás os privilégios de ser homem e me tornar uma pária travesti, me mantiveram viva e prolífica. Escrevendo a vida que eu queria viver em romances obscenos em que as protagonistas trepavam na lama com os amantes, em que as heroínas sempre eram amadas pelos pais. E isso se deu ao mesmo tempo que a vocação, que o exercício de escrever romances inúteis, infestados de um erotismo prematuro, abrasados por uma explosão de ódio contra mim mesma. Deram-se assim, um como apêndice da outra.

Minha mulher proibida, meu romance comigo mesma nessa proibição, deram lugar à mulher que sou agora, a essa mulher escritora na qual me nasci. A travesti é a irmã da escrita nessa viagem de renúncia que apresentei aos meus pais. A escrita e o travestismo são as armas que usei para me entregar à vida como órfã. Ah! Órfã como minha mãe.

A esse sofrimento de me ver proibida não só pela minha família, mas por quase todo o mundo, logo acrescentei o prazer de ser travesti. A festa de ser travesti. A festa de ser mulher. Uma amiga com a qual amadureci na juventude, nas vicissitudes da prostituição, sempre repetia a mesma ladainha: ser travesti é uma festa.

Sim, amiga. Claro que sim. A festa da inspiração, do deslumbramento, assim como a escrita, uma celebração secreta e repleta de prazeres pronunciados baixinho, seguindo a palavra como os cães seguem uma cadela no cio, num assédio constante, um apelo sem pausa, o tempo todo agitados, como em certas festas em que a gente fica em transe com a música.

A escrita é um saber, e ser travesti tem um significado de ordem espiritual que sustenta esse saber. Na minha vida, teve grande importância ser travesti muito jovem numa cidade minúscula. Começar a viver como travesti em Mina Clavero, que na época, nos meus quinze anos, tinha 5 mil habitantes. Cinco mil hóspedes desse grande inferno.

Ainda que nada mais disso faça sentido, quando esqueço das pessoas que me feriram, quando as agressões já não têm mais rostos que as executem, é preciso contar essa aventura, para que seja conhecida. Estou na parte da história na qual nós travestis recuperamos nossa voz, e é necessário usar essa voz. Voltar a usá-la. Contar o preço que deram à minha liberdade e ao meu desejo e que eu paguei com o que tinha em mãos: meu corpo.

Também contar a crueldade com que fui tratada e também o amor e a ternura que me foram dados como compensação de tudo.

Aspiro a escrever como falo ou falar como escrevo. Que a beleza da palavra seja compartilhada, equilibrada, tanto na fala como na literatura. Não diferenciar o tom nem o uso de qualquer recurso nessa prática.

É por isso que gosto tanto de Roberto Bolaño, porque, quando o leio, sinto que ouço ele falar comigo.

Esse exercício de nunca me distanciar da palavra falada talvez seja minha única técnica. Sem dúvida muitos escritores a usam e eu não descobri a pólvora, mas que beleza, como é bom ouvir uma pessoa que fala como escreve e escreve como fala.

Esse é também o aprendizado que me permite escrever para o teatro. Escrever a palavra para ser proferida. A palavra como arma de sedução e sobrevivência. Ter sido obrigada a negociar com a palavra meu preço, minha liberdade, meus espaços habitáveis. Ter usado a palavra como símbolo de inteligência.

O que não está escrito procura fazer ninho em algum lugar. Às vezes, o desmoronamento por conta do seu peso é tão grande que se morre disto: do que escolhemos calar.

Também acredito que escrever e falar implicam um prazer único, que o prazer de falar não é igual ao prazer de escrever.

Um prazer singular, com as particularidades e privações do caso. Prefiro o dito ao escrito. Em uma conversa, no encontro com o outro, quando a gente começa a brincar com os outros, a astúcia da comunicação, a concessão da linguagem... nisso nos sentimos em plenitude, no impulso da língua para esvaziar nossa cabeça, na drenagem que ativa a linguagem com o outro.

Beijos divinos.

Os escritores de que eu mais gosto são os que se põem a falar.

Um poema é um animal muito difícil de ser caçado. Qualquer tentativa de aproximação só o espanta e ele foge. Torna-se transparente à vontade, se dilui e desaparece diante dos nossos olhos. Parece que o pegamos, achamos que ele pode ser possuído, mas, ante a possibilidade de escrevê-lo, só algumas palavras ficam oscilando.

Certo dia, passei em frente a uma funerária e me senti muito perto da existência de um poema. Os enlutados fumavam na calçada, falando sobre o tempo, as contas a pagar. Alguns tinham vestígios de choro nos olhos. Mas haviam se reunido fora do velório para poder falar sobre nada, sobre a vida comum, e se afastar do acontecimento fatal de ter de pensar na morte, em tudo o que precisa ser resolvido diante da morte. Como eu não tinha o que escrever nesse momento, fiz uma nota no celular.

Isso tinha dado certo uma vez numa viagem, em frente à beleza do mar Báltico. Na ocasião, eu tinha escrito as primeiras palavras do poema no celular, como as marcações a lápis que os pintores fazem na tela para depois pintar. Mas dessa vez, voltando para casa e tentando escrever a partir das palavras, o poema se extinguiu. Foi como jogá-lo no fogo.

Eu acreditava que havia um método para a poesia. Mas a verdade é que a poesia não admite técnicas nem métodos. Procura o vazio. Dessa sensação de impotência, de invalidez em face do absurdo de escrever um poema, tiro um aprendizado. Não chegamos ao poema sabendo algo, entramos nele completamente ignorantes e saímos dele ainda mais ignorantes. E só contamos com dois apoios: a distância no tempo e a correção.

Alguns acontecimentos, o amor, o sofrimento, uma recordação ruim, uma alegria, fazem o poema se aproximar, passear perto de nós. É preciso saber que ele está perto, que anda por aí, e esperar o momento oportuno para atraí-lo até nossa armadilha.

Mas existe um protocolo, algo como uma cerimônia para chamar o duende. O rito de se abrir para a cegueira, para a escuridão. Estarmos dispostos a isso. Nessa cerimônia, que é privada e única para cada escritor, se algo se quebrar, então é possível que a gente acabe enfraquecendo o que escreveu. A busca dessa cerimônia nos faz conhecer nossas limitações em relação ao texto, saber do que temos necessidade na hora de escrever, que rituais nos deixam permeáveis ao duende. Isso é quase tão importante quanto aprender a escrever e consolidar um estilo.

Meus rituais só concordam com uma coisa: a necessidade de escrever.

Tenho o livro escrito na minha cabeça, as frases se sucedem uma após a outra, as palavras falam de literatura, há parágrafos inteiros escritos na minha mente e, no entanto, por alguma razão que desconheço, não consigo escrever. Hoje uma amiga morreu e só penso em escrever sobre ela. Sobre o que me lembro dela. Escrever nosso primeiro encontro, que foi uma entrevista.

Estou furiosa porque preciso terminar este livro. Já está todo escrito na minha cabeça. E, ainda assim, sento para escrever e escrevo sobre Maite. Sobre a morte de Maite.

Um amigo me disse que tenho de me proporcionar mais silêncio. Não dou atenção. Tentar escrever em silêncio é como tentar escrever em meio a um naufrágio.

Para escrever, basta eu ouvir a mim mesma ressoando na minha cabeça. No fim, trata-se apenas de escutar. Escutar o mundo andando. O silêncio é uma mentira. Uma cabeça nunca está em silêncio. Fala-se do silêncio do mundo (se é possível que isso exista) como se fosse uma condição para a escrita.

Há poetas que fogem das pessoas, das cidades e dos carros para conseguir um ambiente mais propício para a leitura e a escrita. É como se pouco a pouco o silêncio incentivasse as palavras a serem escritas.

Não é o meu caso: não sou assim. Escrevo melhor em meio ao barulho, à música, no trânsito, escrevo melhor nas filas dos bancos, na sala de espera dos hospitais, nos aeroportos. Em qualquer situação que deixe a atenção em perigo. Esse é o meu melhor mundo. O barulho de fora convive com o barulho da minha cabeça. Acho que é por isso que escrevo tão mal.

A esse respeito, sempre que digo isto, que sou uma péssima escritora, alguém refuta. Diz que não. Ruim, não. Ou também perguntam para quem está ruim. Para mim, claro, o que escrevo é ruim e não me perdoo por isso. Acho que nunca leria a mim mesma. Às vezes, volto a trechos de textos antigos e pareço insuportável aos meus olhos. Não me aguento, não consigo sustentar uma leitura de mim mesma. As correções são uma tortura, voltar a me ler, não me entender, me perguntar o que eu quis dizer aqui, o que eu quis dizer com tal coisa, não ser capaz de fazer um uso adequado das preposições. Uma total analfabeta do ofício.

Não deve existir pior maldição sobre uma escritora do que a maldição que a faz odiar tudo o que escreve.

O problema com a literatura é sempre com a própria pessoa. A própria pessoa é o problema da literatura. Escrever nunca é tão prazeroso quanto ler. O bom é que o mundo está cheio de livros para ler. No entanto, a vida é muito curta para uma pessoa sequer se aproximar dessa ideia de infinito. Nunca seremos capazes de escrever tanto quanto podemos ler.

A pior coisa dessa situação em que estou, enquanto escrevo este livro, discordando das minhas próprias palavras, discordando do amor, do teatro, de todos os laços sagrados que me cercam, é que continuo a acreditar que não sou um indivíduo exterior ao que é escrito ou atuado. A única coisa que posso ser é atriz e, com grande respeito, poeta. Não sei ser outra, não sei viver nesse mundo que olho daqui, da cadeira desmantelada de onde escrevo ou dos palcos e teatros onde ensaio e atuo.

Entendo que sou melhor assim: como escritora e como atriz. Como pessoa, não valho nem o peso do meu cabelo ressecado. Mas aqui ou num palco, e em todos os momentos que terminam num poema escrito ou num aplauso no teatro, é quando sou tudo o que eu gostaria de ser na vida.

A esse respeito as pessoas também adoram dizer não. As pessoas adoram me dizer que não, que estou errada.

Dizem que isso não é real, que a vida é o que acontece nas ruas. A rua é muito valorizada. Mas acreditem, amigues: conheço a rua, conheço a pele, conheço o amor, conheço os outros, e mesmo assim a experimentação da felicidade e da tristeza na literatura e no teatro são reais. É fisicamente real. Real como estas letras uma após a outra, real como o incenso que queima sobre a mesa, real como o dia gelado que convoca minha visita à escrita.

Aqui é fácil ser, dizer, suportar e até mesmo destruir a beleza e o horror.

É aqui que se extrai a angústia do nosso peito.

Dizem que James Joyce curou sua psicose escrevendo. Isso pode ter tido um pouco a ver com seu terapeuta, o próprio

Lacan.* O que dizer? Uma esperança inútil habita os umbrais da literatura: a de que ela permita a cura de todas as enfermidades da vida. Mas é preciso ser muito brilhante, é preciso ser James Joyce para que isso aconteça. Enquanto isso, no mínimo se agradece pelo refúgio e pela possibilidade de mentir sem nenhum julgamento. E eu sou uma mentirosa inveterada.

Aqui ou no teatro, ninguém seria capaz de amaldiçoar uma mentira. É tanta verdade acumulada, é tanta verdade que precisamos carregar nos ombros e, no fim, pagamos, compramos livros, ingressos nos teatros, gastamos dinheiro para sermos enganados.

Ao escrever, e também ao atuar, a gente perdoa. Oferece alguma coisa ao mundo, sem a certeza de saber por que faz isso, para quem, e se algo dessa oferta pode ser útil aos outros. A gente sabe que as poetas ou as atrizes nunca poderão ser úteis a nenhuma ordem, a nenhum uso doméstico. Não somos necessárias na cadeia, somos apenas as portadoras da magia. E a magia nem sempre é bem-vinda.

Por ser uma atriz trans que começou a carreira já adulta, compreendo que nenhum personagem foi escrito para mim. Que é preciso ser de determinada maneira para ter um espaço em peças, filmes ou séries de televisão. Essas maneiras não costumam incluir as travestis.

Diante da discriminação dos meios de produção de teatro, cinema e televisão, que ainda não entraram no terceiro milênio, decidi escrever minha carreira como atriz. Escrever as mulheres que eu queria interpretar. Às vezes, aparece uma coisa que

---

* A autora se refere ao fato de Joyce ter sido estudado longamente em *O Seminário 23: O sinthoma*, livro em que Lacan demonstra que o autor irlandês usou a escrita para se livrar da própria psicose.

alguém escreveu e acha que eu posso representar. Esse encontro é maravilhoso, mas não acontece com frequência. Pelo menos não é tão frequente para que se torne sustentável.

Além disso, a única que pode me proporcionar esse espaço sou eu. Não vou ficar sentada esperando que o mundo mude, porque se a gente abandona por um momento essa ação, essa viagem inútil, então acabará fazendo qualquer outra coisa, menos continuar a viver.

Eu disse a mim mesma: escreva tudo o que quiser, todas as personagens que desejar. Dê-lhes palavras e depois as represente. Esse jogo duplo de dar vida ao que escrevi é semelhante aos acertos na criação dos filhos, suponho. Como quando nossos pais comemoram que aprendemos algo que nos ensinaram. Representar personagens que imaginei para serem representados é minha maior conquista como dramaturga. Uma conquista que não se desvenda no campo da escrita, mas num palco.

Fui mãe de Tita Merello, de Frida Kahlo, de Billie Holiday, da Defunta Correa. Fui feliz.

A escrita e o teatro mantêm uma amizade íntima e afetuosa. Há correntes que minimizam essa amizade. Atores que renegam a palavra escrita, criadores que dizem que, no teatro, a palavra não importa. Que os sentidos que nascem da língua falada e do teatro escrito vão na direção oposta ao acontecimento teatral. Também ouço muitas vezes que ler obras de teatro é impossível, que leituras com rubricas são impraticáveis. Que ler teatro é chato.

Ler Tennessee Williams. Como repreensão e apologia de muitos pecados, ler Tennessee Williams, ler seus cenários, suas mulheres, seus monólogos, uma vez ou outra. Ler teatro é maravilhoso.

Em tudo o que foi escrito há uma literatura, uma poética. A literatura do teatro, por exemplo, a desculpa mais maravilhosa para escrever monólogos, para provocar o drama. A literatura das cartas de amor, a literatura dos telegramas, a literatura das redes sociais, a literatura das cartas de demissão.

Não consigo pensar em um teatro sem literatura. Meu teatro, o teatro que me atravessa, está mortalmente ferido pela literatura.

Às vezes, acontece o contrário: escreve-se a palavra proferida. E não estou falando dos escritores que ditaram os livros a secretárias. Estou falando de registrar no papel o que é falado. Transcreve-se uma conferência, como aquela maravilha de Borges sobre budismo. Às vezes, transcreve-se uma entrevista. Minha amiga morta reaparece escrevendo minhas respostas, as respostas às suas perguntas, muito inteligentes. E a palavra falada se traveste de palavra escrita. Essa literatura é um travestismo da palavra ao contrário. A obrigação de transcrever dessa forma, sem a possibilidade da correção oferecida pela palavra escrita, a imposição de ser o mais fiel possível à sua mãe também é literatura.

Diante de uma palavra, ou de muitas, não importa, há um tempo em que nada acontece. Fica-se paralisada diante de uma ideia escrita e essa ideia, apesar de ser escrita, não faz sentido. É um momento de grande intimidade, um tempo de meditação. O que está ali com um corpo, ocupando espaço, já como parte do texto, busca nossa compreensão. Então é melhor permanecer nesse lugar em que não se pode corrigir, nem melhorar, nem limpar, nem dividir, mas tampouco é possível apagar a frase sem sentido que precisa ser reescrita. Volta-se a escrever e se libera uma parte do significado e volta-se a escrever ou reescrever, a frase é riscada e se escreve por cima dela e o sentido, como um espírito, enfim se manifesta, anuncia-se com duas batidas para dizer sim, uma batida para dizer não. Ah, o momento em que a escritora se encontra com o que nasceu dessa língua que aparentemente ignoramos. O sentido do incompreensível é órfão. A gente se entrega a essa perda só para não pensar em nada. É também a perda da orientação, é estar sonhando por algumas horas, comungando com nossas criaturas, fazendo da inutilidade nossa melhor aliada.

E, acima de tudo, é a perda da noção de si mesma, a mudança de pele, a juventude perdida da nossa escrita. A escrita anulando a escrita. A escrita parecendo comprovantes de pagamento, planilhas preenchidas por alguém que não nos conhece. A escrita como inimiga de si mesma, mas também de nós, as escritoras, que somos, afinal, a escrita.

Assim como as atrizes do cinema e do teatro.

Às vezes, releio textos que vão ficando esquecidos no computador, e-mails de muitos anos atrás, poemas endereçados a amores que já não existem, e é impossível não notar uma perda no estilo. E me atrevo a dizer algo perigoso: sinto falta de escrever naquele estilo. As deficiências, os espaços rabiscados, o entrar no campo da escrita sem saber nada e me negando a aprender algo. Abusar dos adjetivos, dos gerúndios, dizer coisas óbvias, lamber as feridas, mergulhar na dor escrita e extrair dessa confusão mais algumas horas de vida. Um pouco mais de tempo para continuar escrevendo.

Não escrevo mais assim, com essa voz jovem que dizia com simplicidade tudo o que queria. Talvez fique melhor quando corrijo, quando percebo alguns excessos, quando de um parágrafo inteiro consigo ficar com apenas uma frase, quando sou capaz de suavizar algumas violências da linguagem. Mas aquela inocência com a qual eu dizia coisas tão terríveis dos meus vinte anos, dos meus dezoito anos, a prostituição, a rejeição das pessoas quando me viam andando na rua, tudo isso se perdeu.

Até hoje, não sei se essas vidas aconteceram comigo para que eu as escrevesse ou se eu as fiz acontecer para poder escrevê-las.

Ainda há uma inocência sustentando o mundo que pende por um fio:

Sempre é o desejo, o tempo todo. O que se escreve é sempre um desejo. Um pedido de amor, no sentido mais estrito do termo. As pessoas que me leem, alguns amigos, alguns leitores desconhecidos, muitas vezes me agradecem por transformar em literatura acontecimentos aparentemente terríveis da minha vida. Mas não acho que os acontecimentos possam se converter em literatura. Eles se escrevem, são acontecimentos escritos. Mas são acontecimentos. Permanecem lá, sempre disponíveis para nosso desejo de exorcismo, nossas febres catárticas, mas não. Nada disso. Escrever não nos salva do que aconteceu.

Sobre o que já aconteceu é possível escrever bíblias eternas, pois os velhos traumas não são superados. Normalmente, eu os reforço.

Mas a escrita também pode provocar movimentos maravilhosos, ter consequências sobre a realidade, dessas que provocam uma felicidade muito real, como um namorado meu que escrevia notinhas e colava na geladeira para que eu lembrasse de tomar meus remédios a tal hora, e algumas mensagens em código para que eu pensasse nele. Bem, é disso que a literatura também é feita. De querermos ser amados.

Marguerite Duras dirá que a solidão é necessária para a escrita, que todo escritor deve estar sozinho, construir sua solidão. Muitos dos escritores que conheço concordam. Afirmam que a criação é um ato solitário. Estamos sozinhos diante da escrita, diante do amor (como estamos sozinhos diante do amor!), diante da beleza. Toda tentativa de delegar esse estado de solidão é o que nos torna seres afetuosos e afetivos.

No entanto, quando a palavra chega, não me sinto mais sozinha. Me sinto sozinha com o pensamento, em certos rituais que convocam a palavra. Mas então começo a povoar as páginas de companhia. Trago meus antepassados, meus irmãos, meus amigos, todos os fantasmas que me tiram da angústia. Às vezes, também trago os muitos amantes com quem me encontrei na noite, olho no olho, para nos amarmos e desaparecer. Então a solidão deixa de ser tão grande.

Há também os duendes, os duendes dos quais falava Lorca, ali, nos acompanhando, rindo de nós ou cravando mais fundo o espinho para que o texto seja poderoso.

Existe uma comunhão. Como negá-la? Como não dizer que ao nosso lado também estão aqueles que nos inspiram, aqueles que nos ajudam, os mestres que escreveram antes de nós e que lemos procurando uma bengala, um apoio com relação ao que é inacessível na escrita. E há os leitores. Não. Não estou sozinha quando escrevo. Alguém também corrige e verifica a pontuação. Sugere, com o rigor de uma petição, que eu descarte frases, parágrafos inteiros, adjetivos, idas e vindas, pormenores, a parte vulgar da escrita. Um editor que não te deixa sozinha no processo faz parte da companhia. Faz parte da amizade, da comunhão, da busca pelo outro.

A solidão não é privilégio de poetas e escritores, não se está mais sozinho sendo escritor do que em todos os atos de comunhão da nossa raça.

Algumas coisas na minha vida começam a *ser* depois que foram escritas. Por exemplo, o amor. É incrível como o sistema é sempre o mesmo. Posso sentir alguma confusão ou desconforto no que diz respeito a um relacionamento, então escrevo e o amor se revela nas palavras, e me dou conta de que o estado de incerteza era enorme, tão semelhante ao amor. É mais fácil dizer um desejo do que escrever. Escrever um desejo é um ato de confirmação.

Tenho poucos argumentos, mas posso citá-los. Contratos de venda, acordos, certidões de nascimento, casamentos, testamentos, todos são escritos. Eles se revestem de valor ao serem escritos e assinados. É por isso que eu não queria editar meu primeiro livro de poemas. Não queria deixar por escrito e registrado no papel algo de que talvez me arrependesse. Algo ao qual as pessoas pudessem voltar a todo momento. Como alguém que recorre ao original de um contrato e diz: este era o nosso acordo, eu me comprometi com isto, você se comprometeu com aquilo.

No Alcorão se diz: "Está escrito".

Também se diz: "As palavras são levadas pelo vento".

Nesse sentido, acho que escrever é como fazer uma promessa.

Escrever envolve um ato de constrição. Uma paralisação no ritmo do mundo. Raciocina-se para escrever. Assim como o texto vai atrás da memória, o raciocínio se encadeia à escrita. Como quando se sonha e se tem a impressão de que uma voz antiga, nossa, mas tão antiga que parece mais sábia e mais distante, quer nos dizer algo sobre nós mesmos e então escrevemos. Vamos ao nosso psicanalista levando esse sonho, esse sonho que foi escrito logo depois de ser sonhado.

A crueldade do que se escreve nunca será alcançada pela crueldade do que se diz. Sobre o que foi dito, não há prova além da fé e da confiança. Não há espaço para refutações sobre o que foi escrito.

Desculpas não podem ser escritas. Escrever implica uma rebeldia, porque envolve reflexão. E a reflexão é inadmissível em tempos de produção. Exige uma pausa, um regresso às memórias, um regresso a si mesma.

É claro que a espontaneidade é um privilégio da palavra falada. O que se escreve dificilmente é espontâneo. Mas somos feitos de perdas. Como escritora, prefiro escrever as coisas decisivas do meu mundo.

Por exemplo: o amor, a felicidade, a amargura, para que eles existam, antes de dizer, antes de gritar, primeiro escrevo. É o poder profético da escrita.

*

Estou convencida do erro. Há um erro no que escrevo. Não posso dizer qual é, mas sei que ele está ali. O erro se tornou invisível aos olhos, mas existe. É o que me faz duvidar da minha escrita. É o que me diz que nada está resolvido.

Esse erro que se converteu em estilo é o que salva o que escrevo dos olhares estrangeiros, dos olhares que nada sabem, que tentam dar valor à escrita de uma pessoa. Que dizem: isto é poesia, isto não é poesia. Isto é uma merda, isto não é. Isto está escrito conforme esse movimento. Isto não. Esta merda de frase, de novo.

Acho que não amadureço minha escrita pelo medo de ser julgada por algo tão íntimo que decidi mostrar.

O mesmo julgamento aterrador que vem dos meus pais. Porque, afinal, a literatura nunca deixou de ser o pai e a mãe: ocupada por essas duas presenças que foram escritas repetidamente, à exaustão. São tudo o que foi fixado. A presença deles na literatura é monumental. São como calcário. Tão parecido com eles, o caráter do que se escreve. Os que mais causam danos e os mais capazes de dar amor.

Às vezes, fico inconciliável como minha mãe, não me acho em nada, os espelhos me agridem, sinto que tudo me falta, que sou a mulher mais frágil e miserável do mundo, escrevo num pântano de onde brotam minhas criaturas mais horríveis. O que escrevo fica assim, como minha mãe, estilhaçada depois de uma briga com o marido, entregue à miséria, à falta de respeito por si mesma, à culpa.

E em alguns momentos sinto a determinação do meu pai sobre o mundo que o rodeava. E assim como eu o vi levantar as paredes da própria casa, também decido sobre a literatura. Decido cometer o erro de escrever. Erro, o que escrevo é ruim, digo as coisas de um jeito ruim, conjugo de um jeito ruim, repito à exaustão, abuso dos pretéritos compostos e me orgulho disso como meu pai se orgulha da ignorância dele, da falta de tato, da total ignorância sobre as "boas maneiras".

Escrevo assim, minhas palavras são tão alcoólatras quanto meu pai e tão desamparadas e insaciáveis quanto minha mãe.

Além do mais, a literatura não escreveu nenhuma solução para os danos da minha vida. Só gravou em mim uma virtude, um sentido poético com o qual olho para as coisas.

Meu pai e minha mãe são tudo o que escrevi na vida. Minha escrita é a terceira parte do amor dos meus pais, que veio ao mundo de um jeito tão complicado. Desde sempre, desde que a classe de uma família é determinada pelo sistema, os amores destinados a doer são fabricados à nossa medida. Porque foi assim que se escreveu, foi assim que os poetas romanos escreveram, e ainda não conseguimos nos livrar disso. Foi sempre assim, desde a morte da minha avó materna, morta pelas mãos do marido e da amante do marido, forçada a realizar um aborto clandestino com um ramo de salsa, morta de febre, infectada por dentro pelo tipo de pobreza em que o amor-próprio é ainda mais rejeitado que o amor pelos outros. Desde a morte do meu avô paterno, esmagado por uma pedreira que desabou sobre seu corpo de mineiro, que acabou caindo como a própria violência no corpo do meu avô, que castigou com tanta crueldade seus filhos, incluindo meu pai, ali nesse nó, é ali que está a raiz da escrita.

É apenas isto: um rastreamento da dor através das palavras. É claro que nessa travessia a felicidade eventualmente aparece, o que vem para relembrar a verdadeira natureza da escrita: a oposição. Sempre estaremos nos opondo, na escrita. Sempre teremos um inimigo, um lado reverso. Sempre haverá algo ou alguém que opõe sua natureza à nossa.

Um milhão de cartas escritas aos meus pais, tentando explicar também minha natureza, tentando lhes dizer que a dor de viver era tão grande que eu precisava seguir meu desejo aonde quer que fosse, inclusive até a morte, até o sofrimento. Tentando lhes dizer que minha natureza não era ofensiva. Falar com eles por carta como os dois fizeram por muitos anos, para dizer um ao outro o que não conseguiam expressar de outra forma. Com cartas.

A linguagem da escrita parecia nos permitir dizer tudo, era uma linguagem que não admitia ofensa, que conseguia atravessar uma parede de pedra, uma parede que nos separava desde sempre, os três da minha família, cada um com sua dor no nosso tipo de pobreza.

Mas não.

Anos tentando comunicar através das letras que eu estava lá sozinha entre os dois e o passado que carcomia o presente com sua onipotência. Anos de letras postas sobre o papel para lhes dizer que eu estava lá, que era necessário ser vista e amada.

Assim como fui separada deles para sempre pelo veneno de querer escrever, também volto a eles por esse veneno. Consequentemente, permaneço, a esta hora, neste lugar da casa, vendo o céu mudar de cor, preencher-se de nuvens com uma tristeza que vai ficando gigantesca, e fica insuportável saber que a razão de tudo é escrever.

Essas primeiras imagens do mundo que eram minha família, durante um período em que eu não sabia escrever e depois na época em que eu não sabia que tais coisas podiam ser escritas, são o que sustenta minha relação com a escrita. Essa relação pouco elegante que tenho com ela.

ÀS VEZES, AS IMAGENS SE IMPRIMEM de tal forma sobre a escrita que parecem rompê-la. Algumas recordações tomam forma depois de escritas. Tudo o que experimentei como testemunha da relação que meus pais tiveram se torna muito poderoso na memória. Dominam e atordoam a inspiração. A cor desbotada dos móveis, a juventude perdida da minha mãe, o cigarro que ocupa tudo, o cheiro de fumaça que fica impregnado em tudo, a limpeza repetidas vezes, até a exaustão, como se, contra a sujeira, a dor e o mundo que cai em cima da gente como poeira, não houvesse outra escolha a não ser repetir os rituais que, às cegas, descobrimos para nos preencher de algo. O sexo dos dois que preenchia todo o som da noite, que era embaraçoso e quente e que incomodava e feria minha intimidade, minha ignorância e minha concentração. O alcoolismo do meu pai acima de tudo na vida. Mesmo antes, muito antes da única coisa que me dá prazer: ler e escrever.

Lá embaixo estão nossos pais para nos comer, para nos abandonar no espaço vazio de ternura, esvaziado de cuidados, animais ainda sem a possibilidade de nos defender, sem a possibilidade de poder responder aos golpes, sem a possibilidade de morder sem serem castigados, também sem lugar nem tempo para sermos nós mesmos. Estão lá para nos lembrar de que só viemos para cumprir um propósito que não nos diz respeito. Ocupar um lugar que não nos importa. Sermos obrigados a dar uma razão que não temos nem estamos interessados em ter. Sempre constrangidos pelo desejo dos nossos pais, que veem em nós toda a crueldade da história nos seus ombros, menos seus filhos. Como escravos elaborando respostas, respondendo a todas as perguntas da natureza. Mas com pouco espaço para sermos filhos.

O sentido de escrever é ainda mais forte e mais terrível que o do amor. Escrever pode destruir o ato de amar. Tem o poder de distorcer tudo, de transformar o mais macio ou o mais leve em metal pesado. Fazer escrita é um prazer muito maior do que fazer amor. No entanto, a gente se volta para o amor a fim de fugir da literatura e se vê cada vez mais imersa nela. O amor e a beleza são coisas desgastantes. Sempre encontram um modo de se autodestruir, de implodir e despedaçar a si mesmos porque não são suportáveis. Não somos capazes de resistir ao amor. Pelo contrário, na literatura a imortalidade é um jogo de pirralhos. É um dos primeiros jogos que jogamos na escrita, a imortalidade. Que maravilha. Eu me pergunto quanto espaço a morte comprou no que é escrito. Imagino que muito pouco.

Um amor assim, como o que acontece neste momento, só está escrito. E isso o torna imortal.

A literatura às vezes faz profecias, busca encontros, estimula o desejo dos outros sobre mim mesma, celebra-se como ato de amor, e então é uma bênção ser escritora.

O homem sentado em sua cadeira de rei
arrancava com os dentes fiapos de carne
do osso de uma costela.
Tem a boca engordurada.

Na mesa um sifão de soda e uma garrafa de vinho,
uma taça com as bordas ensebadas.
Um cachorrinho dorme nos fundos do cômodo
e algumas moscas sobrevoam seu sono.
O rádio sintonizado na voz de Mario Pereyra.
Um pão duro se desfaz sobre a mesa
e o homem continua arrancando a carne do osso.
Batem à porta.
Quem é?, pergunta o homem.
Somos as dores que você causou, as tristezas que você provocou.
Estamos aqui para acertar as contas.
O homem se levanta, jogando na mesa
o pano usado para limpar a boca.
Qualquer um diria que é um homem corajoso,
ou se amedronta diante da voz do destino.
Somos os animais que você matou,
as lágrimas que você provocou,
as consequências que não importaram,
as pessoas que você não amou com dignidade.
Somos nós, as dores de seus filhos,
as dores de suas mulheres,
as más recordações que você entalhou,
as ruínas sagradas em que você cuspiu.
O homem abre a porta e as deixa passar,
pede desculpas pelos poucos móveis.
E se explica: já faz muito tempo
que se esqueceu de todos.
Então ele senta e olha para eles,
nos últimos tempos com mais frequência,
todos os dias, todas as noites,
recostado, olha a obra de seus danos.
Pensa nisso e às vezes esquece.

Sua filha vem visitá-lo e o cobre de beijos.
O cachorrinho pula e engorda,
a carne se desprende do osso.
E a cama é confortável.

Penso no tipo de escritora que gostaria de ser e que, no entanto, sei que não sou. Que não sou nem de longe a escritora que eu queria ser. Mas tenho uma ideia exemplar dessa mulher. A mulher perfeita da literatura, para mim, tem três partes iguais de Wisława Szymborska, Carson McCullers e Marguerite Duras, e uma pitada da desconfiança de Truman Capote. Assim.

A primeira dessas mulheres a entrar na minha vida é Marguerite Duras. Estou passando pela parte mais confusa da minha história. Sou prostituta, fico bêbada todas as noites, estou mergulhada na violência de uma vida de exclusão, sinto-me muito mal comigo mesma e tenho um caso amoroso com um escritor que me tortura com sua indiferença. Não posso renunciar a ele, muito menos à sua indiferença. Um dia, na faculdade, alguém lê o fim de *O amante*. O trecho em que ela deixa o telefone na mesa e ele a ouve chorar no quarto ao lado. Isso se esgueira dentro de mim e fica ali para sempre. Nessa mesma tarde, roubo cinquenta pesos do bolso das calças de um cliente e saio correndo para comprar esse livro. E, depois da leitura, consigo me compreender melhor. Todas nós que nos arriscamos no desejo somos filhas de Marguerite Duras.

Compreendo que é uma vida extraordinária e que o que ela escreve está à altura da sua história. Também compreendo que a vocação da escrita é fatal, que tudo pode ser perdido pela escrita, inclusive o amor-próprio.

Fico fascinada com as frases curtas, com os pontos finais, as poucas pausas na escrita de Duras. E me delicio com seu estilo e me deixo influenciar por inteiro.

Também compreendo, com ela, que a literatura é toda dita da pela infância. Que escrevemos ditados pelo menino ou pela menina que fomos, que o mundo nos surpreende, nos fere e nos agrada na infância e tudo o que resta é reprimir a dor, acreditar que gostamos das mesmas coisas desde o início e construir fantasias que nos apontem certezas, para que deixemos de nos surpreender.

Marguerite Duras é, além da primeira, a escritora mais terrível que já li. A mais cruel no sentido artaudiano do termo. Ela não guarda nada, fala da sua vida e de seu desejo com tanta honestidade que digo a mim mesma que para escrever é necessário abandonar os segredos e deixar a carne nos livros que escrevo ou, do contrário, se dedicar a outra coisa: mendigar, roubar.

Também compreendo que a complexidade pode ser escrita. Marguerite Duras escreve a complexidade melhor do que ninguém, escreve *O amor*, que talvez tenha sido para mim um dos livros mais difíceis de ler. E um livro ao qual sempre volto. Não é preciso que o leitor fique com a parte mais fácil. Aprendo algo sagrado: a leitura é uma das coisas mais complexas que existem. Não é uma recreação, não é um passatempo, não é um vício lúdico, não é agradável, não facilita o mundo para nós. Ler (e ler Duras, sobretudo) é uma atividade exaustiva e prejudicial. Como o amor, não há nada que possa nos causar mais dano e também mais felicidade.

Wisława Szymborska chega a mim um pouco tarde. Ouço seus poemas em um programa noturno apresentado por Jorge Marzetti, na Rádio Nacional. A primeira coisa que ouço dela é "Céu". O poema termina com esta frase maravilhosa: "meus sinais particulares são/ o encantamento e o desespero".* Começo

---

* Wisława Szymborska, *Um amor feliz*. Trad. de Regina Przybycien. São Paulo: Companhia das Letras, 2016, p. 191.

a procurar seus poemas na internet e encontro a mulher mais piedosa, simples e doce que a poesia poderia ter dado. Wisława não é só parte dessa mulher que em minhas elucubrações é a escritora perfeita, ela é uma flor que sobreviveu à Segunda Guerra Mundial. Lendo a respeito dela, chego a um grande aprendizado: nunca levar-se a sério. Rir das nossas grandes aspirações literárias. Zombar da nossa solenidade e da nossa erudição. Como acontece com Duras, a morte sempre esteve tão próxima que se torna familiar e gentil. Tanto que Wisława morre dormindo, já muito velha, num apartamento cheio de bugigangas. Ela ganha o prêmio Nobel e em seu discurso fala da importância do não saber no ofício da escrita. Não saber é o que nos leva a continuar escrevendo e ter muito trabalho pela frente.

Pedindo perdão, abençoando, olhando para a humanidade com olhos de tia amorosa, lembrando-nos que nem tudo é morte e estátuas de sal. Que há desejos e corações que brilham no escuro, que para fazer uma mesa é preciso cortar uma árvore. Que nada acontece duas vezes. Que tudo é passado. Que as jaulas devem estar vazias. Que o cinema é uma das melhores coisas que nos aconteceram, que a melhor viagem é sempre a da volta, que é preciso odiar o ódio, que é um alívio não escrever versos, que há beleza na destruição e que as mãos podem escrever *Mein Kampf* ou profecias mais venturosas. Wisława como sacerdotisa da poesia, em seu apartamento cheio de quinquilharias, morta durante o sono, sempre sorridente. Wisława me lembra de que para poder escrever é preciso o exercício da bondade. Que a escrita é um ato de amor para os homens.

Carson McCullers chega com um título poderoso: *O coração é um caçador solitário*. Carson pertence a uma linhagem de narradoras capazes de congelar o sangue e arruinar a semana. Sua inteligência narrativa me desconcerta. Escreveu seus livros tão jovem e expondo uma sabedoria tão antiga, de velha xamã, que a única coisa que posso fazer é me deixar ser abatida por ela. Isso acontece comigo quando leio Carson, um abatimento, um cansaço profundo que não é físico, mas sentimental. Depois dos livros dela, sempre sinto um esgotamento sentimental que nunca experimentei com outros escritores. Talvez com *Partículas elementares*, de Michel Houellebecq, ou com *Os irmãos Karamázov*, de Dostoiévski, eu tenha terminado a leitura assim, sem desejo de mais nada. Quem poderia levar e trazer assim o leitor pelo próprio mundo, quem poderia fazer os leitores passearem assim dentro de uma invenção?

Ao contrário de Wisława e Marguerite, Carson morreu jovem, aguilhoada pela doença. Conheceu muito cedo o sucesso e também a amargura de ser uma escritora elogiada e muito lida. Certa brutalidade sulista fere seus romances e contos. Ao contrário da sensibilidade europeia, Carson nos machuca com seus desfechos. Ela nos lembra o quanto uma pessoa amada despreza quem a ama, descreve austeramente como uma mulher diante da dor é capaz de cortar os mamilos com uma tesoura de poda, compõe triângulos amorosos entre um corcunda, um conquistador e uma mulher gigante. Descreve como ninguém a adolescência, com todo o seu esplendor e miséria. Carson nos faz amar a vida das suas personagens, e então as tira de nós com a crueldade própria do destino. Mata suas personagens, e essa é sua maior conquista como escritora e também seu maior dano aos leitores.

Carson McCullers, a sulista mais terrível dos Estados Unidos, me ensinou que tudo está aí para ser escrito, que um escritor recebe a revelação de uma forma, a sugestão que o mundo lhe faz para que escreva, e depois torna isso parte de si mesmo. Gostaria de poder contar todas as sugestões que o mundo me fez para que eu escrevesse, assim como ela fez em sua vida: matar como ela, tramar como ela, refletir como ela e tornar-me invisível.

Não sei se eu poderia falar na terceira pessoa, como Carson. E, depois de ter mencionado grande parte da escritora perfeita que eu gostaria de ser, falta dizer que, sem a malícia de um menino apaixonado e traído pela mãe, como foi Truman Capote, a escrita talvez não tivesse conseguido se realizar. Capote é essa parcela de astúcia, malícia e traição da escrita. Truman escreveu sobre o que conhecia a fundo. Suas amigas, seus pais, suas tias, seu passado. Truman se estabeleceu como escritor num mundo homofóbico, sendo o homossexual mais encantador, irresistível e confiável que seus contemporâneos puderam conhecer. Truman era, inexplicavelmente, irresistível para muita gente *very important*. De Jacqueline Kennedy a Marlon Brando, aqueles que o conheciam se renderam à astúcia dele, tomaram-no como confidente e depois foram expostos nos seus escritos, ofendidos com suas palavras, mas também imortalizados por serem protagonistas das suas histórias.

Um amor que durou quase sete anos. Um amor vivido em um quarto de pensão, numa cama muito velha que rangia ao ritmo das respirações, atravessado pelo ódio. Nós nos conhecemos quando a ideia de blogs literários começou a se popularizar, com milhares de escritores anônimos exibindo textos. Eu tinha 21 anos na época, e ele, 25. Certo dia, nos vimos lendo um para o outro e reforçando mutuamente nosso desejo de escrever. Eu gostava de como ele escrevia. Ele estava tão zangado quanto eu, tinha tanto a dizer sobre algumas coisas que me interessavam e, claro, como todo escritor, estava cheio de opiniões sobre as mulheres. Opinava sobre o corpo das mulheres, a atitude das mulheres, a mãe dele, as namoradas, as amantes, sempre com esse misto de devoção ofensiva e uma misoginia tão palpável que às vezes eu me contorcia de desgosto.

No blog que eu tinha, chamado La Novia de Sandro, eu só relatava minhas experiências com alguns clientes da minha época de prostituta e alguns poemas de amor que iam variando de dono.

Um dia, chegou uma notificação dele. Tinha me escrito um poema. Dedicado a mim. A mim, a quem ninguém nunca havia escrito nada além de insultos na porta e na janela de casa, ele tinha escrito um poema de amor.

Nossa vida através do que escrevíamos era muito diferente da nossa vida cotidiana. Assim que um dos dois postava algo novo no blog, o outro já estava acompanhando. Falando do que havíamos publicado, contando as impressões sobre uma frase ou um parágrafo, às vezes dando uma opinião mais atrevida a respeito da construção de uma frase. Às vezes, ele me dizia que eu era péssima escritora, mas que tinha muito a dizer. Outras vezes, garantia que eu era uma escritora ruim porque lia porcarias em vez de ler coisas boas. Olhava para a minha humilde biblioteca, pegava um livro e dizia: isso é uma merda, e jogava no chão tal qual um vaso que imaginava se quebrar. Queria que eu lesse Rousseau, Kant, todos os filósofos e sociólogos que ele admirava. Essa literatura me parecia chata demais. Tentei em muitas ocasiões ler essas sugestões, mas não, sempre preferi mulheres escritoras.

Fora da literatura, afastados dos privilégios que a literatura nos dava para nos comunicar, nos expor, nos acompanhar e trocar palavras ternas, estávamos estilhaçados. O sexo ia nos matando aos poucos, exigia mais de nós, ficava mais sombrio com o passar dos anos. Mentíamos um para o outro, nos maltratávamos, nos sufocávamos até não ter mais nem consciência. Essa era nossa vida fora da literatura, das cartas, dos poemas escritos um para o outro, éramos assim.

Esse amor se manteve vivo por muitos anos, doente, como os cadáveres vivos que vegetam e continuam a respirar por meio de uma máquina. Assim foi o amor por esse escritor, um amor em estado vegetativo. Por muitos anos, nós dois nutrimos a escrita desse amor que não levava a lugar nenhum.

Carnes tolendas [Carnaval], a obra de teatro que foi um ponto de virada na minha vida, era uma enorme declaração de amor escrita para ele. Paradoxalmente, ele nunca a viu.

Enquanto isso, estávamos lá, com esse amor tão quieto, tão temeroso, que já havia começado a feder logo depois de ter nascido. Mas estávamos anestesiados e não sentíamos nada além do amor que tínhamos encontrado no sexo, nas horas que os clientes me deixavam livre.

Certo dia, ele me deu um pedaço de papel com um poema escrito para mim que terminava com estas palavras: "não há nada que me deixe tão apaixonado quanto te ver dormir com uma faca entre as pernas". Esse poema foi nosso fim. A partir disso que ele escreveu para mim, comecei a me desapaixonar. O que ele confessava no poema, estar apaixonado por mim, algo que nunca tinha sido dito, foi seu passaporte para o desamor. No entanto, ainda é a coisa mais linda que alguém já me escreveu. A última frase do poema é minha, posso dizê-la e escrevê-la de novo e de novo. É como se eu a tivesse escrito. Não sei se foi escrita por ele. É possível que tudo o que ele escreveu para mim tenha saído da minha boca nas horas de amor. Anos depois, ele confessaria que tinha deixado de escrever desde que paramos de nos ver, e até um pouco antes. Mais precisamente, depois desse poema. Também é verdade que se casou, teve filhos, conseguiu empregos que pagavam aluguel e creche e passeios de fim de semana com a esposa. Ele tentou muitas vezes, mas não conseguiu voltar a escrever. O mundo o levou contra seu peito e o fez desaparecer na multidão.

Depois de superar esse amor tão prejudicial, nunca mais consegui dormir e gozar com escritores. Dormi com alguns e sempre foi fatalmente chato. Às vezes, mesmo com eles ainda dentro de mim, com eles em cima de mim me abraçando e me beijando com sinceridade, eu pensava que nesse momento era melhor morrer de um ataque cardíaco do que estar com um escritor na cama. Mesmo escritores que eu admirava, que lia com afeto, belos de verdade, atraentes aos olhos de muitas mulheres, para mim foram tão insípidos quanto o veganismo. Nunca entendi como algumas mulheres se apaixonavam por escritores assim. E sempre o tabaco acima do corpo das amantes, acima de tudo. Um vício tão clichê, além do mais.

Não vejo sensualidade em escritores homens. Nas mulheres, sim. Uma mulher que escreve me parece erótica da cabeça aos pés. Não tem nada a ver com idade nem com forma, mas com certa intenção de erro, de falibilidade no que é feito, uma certa maneira que as mulheres têm de zombar da perfeição, que é quase um bem comum, da qual carece a maioria dos homens.

Às vezes, eu os sinto alheios a todos os riscos, como esse poeta pelo qual me apaixonei quando era muito jovem. Tomados por medos, sempre tentando fazer certo, não cometer erros, dominar a escrita como tentaram dominar tudo.

Os escritores homossexuais, eles sim sabem como seduzir uma garota. Também sabem desse erro que existe na escrita e quanto custa rastreá-lo.

Em Córdoba, uma cidade tão minúscula e conservadora, nesse círculo tão pequeno de escritores em que as fofocas e as críticas correm rápido como o rio sujo que nos atravessa, nada me causa mais aversão do que um evento literário. Os copinhos de plástico que passam de mão em mão e o cuidado dos escritores em parecer interessantes aos olhos das escritoras e das leitoras, a pretensão de serem interessantes o tempo todo, mesmo que sejam os homens mais chatos da história, tudo isso me deprime.

Dizem: os poetas não existem mais. A poesia está morta. Não há poesia nesta cidade. Assim, enquanto devoram uma pizza no bar mais movimentado da região. Dizem isso com a mesma leviandade com que escrevem. E penso em todos os escritores e poetas que conheço, mesmo naqueles a que falta sensualidade mas ainda escrevem, e não posso aceitar. Não posso aceitar que a pulsão de escrever se degenere nesses personagens de sempre.

Imagino-os na penumbra do quarto, com o computador ligado e o arquivo em branco, ou com um caderno no colo, os mais românticos escrevendo tomados pelo medo, apesar do que dizem, que não existem mais escritores, que a literatura está doente ou prestes a desaparecer.

Que tipo de poeta, que tipo de artista, que tipo de atriz eu seria se não reivindicasse esses espaços vazios onde a clareza é turva.

O literal suja minhas toalhas de mesa, desonra meus brasões e causa muitos danos. Porque também é possível ser tão direta como uma flecha, também se pode atirar uma pedra e acertar alguém bem no meio dos olhos, e eu juro que tenho boa pontaria.

Caçar não é difícil para mim.

Por ora, toda novidade, toda incoerência sempre serão bem-vindas. Ou, como se diz por aí: o que é óbvio nunca é bem recebido.

E, para ser completamente sincera, os atos que envolvem escritores e poetas também não me caem muito bem. Esses encontros de escritores falando de outros escritores, ostentando um cinismo que não têm, revelando ressentimentos maiores que eles, me caem tão mal quanto uma embriaguez fora de controle. Talvez o pseudônimo que eu usava nos anúncios em que oferecia meus serviços de puta instruída sirva também para meu relacionamento com colegas, escritores ou atores: Travesti Solitária.

Gostaria também de escrever a todas as travestis que conheci quando era jovem. Todas as ocasiões em que fui tocada pelo travestismo antes mesmo de enveredar por ele. Antes de mudar de nome e de pele para sempre. As travestis da televisão. O único homossexual do vilarejo que também era meu amigo.

Mas queria escrever todas, por inteiro, sua beleza, sua feiura, sua violência, suas roupas e as noites que nos ampararam nesse bosque em que nos conhecemos. Essa poesia da prostituição, as noites que eu transava com clientes nas valas do parque, em que me escondia da polícia nos bueiros, em que me apaixonava cada dia por um cliente diferente.

Tudo o que nós prostitutas oferecíamos e que ficava de fora do acordo com o cliente, esse presente que nós lhes dávamos, tudo o que não entrava no comércio, os amores repentinos, fugazes, as palavras ditas sem controle, todo o nosso passado posto em jogo, todos os nossos desejos, o que ia pela nossa mente quando estávamos ali, combinando um negócio, uma transação como essa. Quero escrever sobre isso também.

O ódio como um chefe tácito. Uma presença que não era mencionada e que estava ali, também esperando para ser escrita. Esse passado é um motivo para escrever.

Escrever sobre essas travestis como as últimas revolucionárias além dos amantes e também como a última boemia que conheci. E a última poética que parte de algo tão inesperado como a zona e uma comunidade tão marginalizada como nós, as travestis. Esse é o equilíbrio de que falei antes. É preciso pôr em palavras a peça que falta no inconsciente coletivo. Revelar, dar palavras a isso para que as pessoas leiam e ouçam.

Resgatar desse velho blog que me trouxe o amor todas as crônicas de prostitutas e amores e reescrever toda a história, desta vez para sempre à distância da minha juventude.

Que a poesia venha para encurtar as distâncias entre os demais, os outros e nós, as últimas que caminhamos sozinhas quando todos dormem, quando os maridos saem de casa para trocar dinheiro por amor travesti, quando as crianças fogem dos pesadelos cheios de monstros e bestas sob a cama e dos vampiros lá fora das janelas. As últimas que fazemos soar os saltos altos repicando alegres na zona, onde só entram os clientes e as putas, esse canto mantido como um segredo sussurrado em que se exibem corpos feitos sob medida, para todos os gostos, para todos os tipos de desejo. As últimas a resistir e fazer o que deve ser feito com o próprio corpo e a identidade.

As últimas boêmias. Arriscando-se a tudo. A entrar num carro e não saber se vamos sair vivas, entrar num quarto e não saber se sairemos ilesas, amar e não sermos amadas, banidas da família, da igreja, dos vilarejos, das cidades. Mal-olhadas, mal-amadas, malqueridas, maltratadas, maljulgadas, malfaladas, mal-escritas.

Não me pergunte se é a escritora que atua ou é a atriz que escreve. Ou se é a prostituta que faz o dever e as outras acham que têm algum poder sobre essas artes.

Aprendi que o que deve ser escrito, é escrito. É inevitável. E o que não deve ser escrito nunca verá a luz. Quando digo "o que não deve ser escrito", me refiro à escrita estéril, à escrita forçada, o que não é desejo.

Escrever algo que não deve ser escrito só detém a escrita e, com mais ferocidade, detém a vida. A escrita não pode ser resolvida, não pode ser solucionada. Se não flui, se não se escreve simplesmente como quem fala, mesmo com todos os erros e incertezas do desejo, é muito provável que fique estagnada e comece a cheirar mal.

Espere veneno da água estagnada,[*] dizia William Blake.

E há os escritores dando voltas num assunto que não conseguem escrever, mas sobre o qual querem escrever, e isso os con-

---

[*] William Blake, *O casamento do céu e do inferno & outros escritos*. Trad. de Alberto Marsicano. Porto Alegre: L&PM, 2005.

some por dentro. Eles adoecem, ficam tristes, dizem que estão com um bloqueio, que a inspiração não vem, e é muito difícil que a inspiração baixe onde será mal recebida.

Nunca consegui me forçar a escrever nada. Não conheço os bloqueios de escritor dos quais tanto se fala. Essa ausência da escrita é algo muito natural para mim, como os períodos de solidão, os períodos em que surge um grande amante. A verdade é que só escrevo quando tenho desejo de escrever. Às vezes, passo meses sem sentar para escrever e de repente uma imagem se impõe e deve ser escrita e os liames começam a se desembaraçar e tudo flui. Não lamento pelos períodos de não escrita, pelo contrário, eu os celebro como os espaços em branco da minha vida que não consigo explicar, como as coisas que ainda não têm suas palavras, como as emoções inexplicáveis.

Às vezes, alguns poetas, especialmente os homens, sofrem se não conseguem escrever. Eles se forçam a escrever mesmo sem vontade. Contam os dias que passam sem escrever nada, como as mães riscam no calendário os dias antes do parto, ou os prisioneiros, os dias que restam para a liberdade. Acredito que não há nada pior para fazer a si mesmo. Forçar-se a produzir literatura. A literatura é uma coisa que vai e vem, sem regulação, sem promessas. O bloqueio do escritor nada mais é do que o "não saber" do qual falava Wisława Szymborska. E, se nunca mais for possível escrever com desejo, então que não se escreva e pronto. Ninguém morre por não escrever. Não é um vício. Se o desejo não está lá, a escrita não acontece, e tentar, querer escrever o que não nasce do desejo é matar-se um pouco, e matar a literatura conosco.

E também há as razões da escrita pela própria escrita, que atua como algumas pulsões amorosas. Algo quase inexplicável. Esse ato pelo qual deixo de ser eu mesma e ao escrever ou amar sou um instrumento, um veículo, algo que transporta dentro de mim essa energia que deve ser manifestada, como a violência ou a felicidade. Mas eu não sou eu mesma. Não é parte de mim, porém me atravessa. Isso que o mundo precisa e que a gente deixa à disposição. Um motivo altruísta do que é escrito, em que já não cabe intervir pela razão, como no amor, em que alguém vira e fala: Tenho isto para te dar, é seu, tenho isto para te curar, é seu. Eu, nós, você, não importamos. Só importa o que acontece através de nós. E é uma vaidade à qual às vezes a pessoa não está disposta a renunciar.

O imperdoável: ter apagado tudo o que estava escrito no blog La Novia de Sandro. Nessa época, haviam surgido os blogs e eu escrevia à mão atrás das anotações da faculdade e depois ia a uma lan house e digitava no computador. Nessa passagem fazia a correção. É por isso que, quando me aproximo desses textos, dos que sobreviveram a essa queima de possíveis livros, eu os encontro semiacabados.

Mas quando minha carreira de atriz começou e eu intuí a possibilidade de as pessoas conhecerem meu passado, de saberem que eu tinha sido prostituta, decidi apagar tudo. Que ninguém saberia tudo o que eu escrevia nesse blog, as coisas que eu dizia sobre mim mesma e meu trabalho.

Hoje eu seria incapaz de estabelecer os limites que separam uma prostituta de uma atriz. Mas naquele momento eu queria me resguardar dos lugares-comuns e caí no pior lugar-comum que poderia existir: uma escritora desaparecendo ou queimando o que escreve. Lembro de alguns títulos, alguns contos, certos paralelismos entre Luperca, a loba que amamentou Rômulo e Remo, e eu.

Certa tarde, recebi um e-mail. Um admirador que me conhecia pelo blog me enviou alguns textos que ele havia resgatado do incêndio. Então parte da minha história não está perdida.

Volto a me encontrar com essa jovem travesti que fui, nas ruas, nos parques, nos mercados, nas pensões, nas praças, nas faculdades e nas estradas. Me encontro de novo comigo mesma e sinto muita raiva por ter tentado me apagar assim, apagar o que eu fui, por vergonha.

Pouco tempo atrás houve uma leitura pública do meu primeiro e único livro de poemas, chamado *La Novia de Sandro* em homenagem ao blog. Durante toda a uma hora de leitura tive a sensação de que o livro não tinha sido escrito por mim. Que não eram meus poemas, que haviam sido escritos por outra mulher. Antes, eu disse que a gente é uma escritora diferente todas as vezes, e essa é a mesma certeza que tenho quando volto ao livro. Um estado de espírito dita as palavras, um estado de espírito tão mutável que me distancia do que fui capaz de escrever antes.

Eu me reconheci, reconheci minha voz e minhas inquietações em dois ou três poemas dos vinte que estão no livro. No começo, senti uma tristeza enorme, como era possível que a distância entre esse livro e eu fosse tão grande?, não era possível que eu tivesse mudado tanto. Eu me vi chorona, muito ansiosa por amor, muito preocupada com os homens por despertar neles um desejo, brega, brega ao extremo, e me odiei. Vejam só, há coisas que nunca mudam. Como a severidade com que nos julgamos, acusamos e culpamos pelo que está escrito. Essa régua com a qual medimos nossas palavras como se fossem decisões vitais.

Acho que, no fundo, só se pode escrever sobre isso. Que os mundos inventados pela escrita, pela fantasia, pela ficção científica, pela mentira, tudo isso é simplesmente escrever sobre nós mesmos. É só a partir dessa voz que se escreve, e os textos se tingem de alter egos, heróis e tragédias que parecem distantes de nós, mas que são o que somos. Um ato honesto. Todas as nossas virtudes e defeitos postos em palavras que não dizem nada mais do que todo esse mar de petróleo que somos por dentro.

Sempre tive a sensação de que nós, que escrevemos reconhecendo esse limite, somos malvistos e mal lidos.

A literatura é um ato de amor, dizia Borges.

Convoca o gesto de amor, como o leitor que guardou todos os meus textos que agora posso recuperar para descobrir que amadurecer nem sempre é melhorar. Que não importa que se passem muitos anos, a escrita não é melhor ou pior, apenas muda.

Que tudo isso que escrevo nada mais é do que um ato de amor por mim mesma, e que às vezes sou tão estúpida que não consigo enxergar isso. Não consigo ver o carinho que proporciono a mim mesma quando escrevo. Um carinho desajeitado que muitas vezes se parece com um golpe, mas é assim que as fêmeas transportam seus filhotes, mordendo-lhes a pele do pescoço sem causar dor.

A viagem inútil se dirige à lembrança. Um dia meus pais me levaram para a borda de um bosque. Diante de mim se erguiam árvores de mil anos. Os picos das colinas se ocultavam atrás das árvores, como se tivessem medo de serem vistos. Gentilmente, minha mãe me empurrou para o bosque e eu não olhei para trás. Neste bosque eu fiz minha casa, escolhi meu túmulo, tive amores e sonhei com minhas reencarnações. Aqui vou morrer e meu espírito se tornará pó. Nada. Apenas algumas pegadas que indicam que passei pela estrada e trouxe comigo o que eu tinha para dar: um poema escrito à máquina em tinta vermelha que, sabe-se lá por quê, sobreviveu aos incêndios:

Ontem à noite meu pai chegou bêbado em casa. Anda com raiva, meu pai.

Minha mãe, para falar da raiva do meu pai, sempre diz duas coisas: a outra e Cristina. Ele e minha mãe discutiram e eu acordei com os gritos. Como somos pobres, não tenho quarto. Isso é o que minha mãe diz.

Como sou muito pequeno para a minha idade, ainda durmo num berço. O berço fica ao lado da cama dos meus pais. À noite, passo minha mão por entre as grades do berço e minha mãe aperta a minha mão. Às vezes, o braço da minha mãe se cansa e ela me solta, então eu choro, meio dormindo. Uma vez meu pai segurou minha mão, assim minha mãe poderia descansar, e eu percebi que não era a mão da minha mãe e disse: Eu quero a mão da mamãe. Meu pai sempre ri quando conta isso, diz: "Olha a esperteza do cara".

Um sobrinho do meu pai está nos visitando; dorme num colchão que ele põe no corredor que dá para o banheiro. O quintal da casa é grande e temos uma nogueira. Um vizinho e eu brincamos de casinha. Eu sou a mamãe. O vizinho se chama Santiago e é ruivo.

Meu pai chega bêbado várias vezes.

Minha mãe me manda dormir cedo e espera por ele.

A parede da cozinha tem uma mancha gigante e muitos respingos. Meu pai jogou uma panela de óleo na parede. Ele estava zangado porque eu não queria comer. Tirou o cinto para me obrigar a comer e minha mãe me defendeu. Ele ficou bravo conosco e nos atirou a frigideira. A única coisa que se danificou foi a parede, que agora está manchada.

A pintura da casa é cor de hospital. É verde, muito feia.

Minha mãe me levou recentemente ao hospital. Meu rosto roçava no ombro dela, porque ia me carregando. Ela estava correndo para o hospital. Minha mãe tem vinte e cinco anos.

As lágrimas da minha mãe molhavam meu rosto e meu pescoço. Eu não sabia que minha mãe estava tão assustada. Quando voltei do hospital, no dia seguinte

Minha mãe reclamou com meu pai sobre a ausência dele. Onde você estava minha mãe grita.

"O menino estava morrendo de febre nos meus braços!", ela grita. E ouço este nome mais uma vez: Cristina. Minha mãe o acusa de estar sempre com ela.

Meu pai vende carros usados, ele tem uns vinte carros usados.

Mas minha mãe teve que me levar nos braços ao hospital, correndo como louca pela cidade.

Quando ouvimos o carro do meu pai entrar na garagem, eu corro e me enfio no berço. Me cubro com um lençol e finjo dormir.

Como esse garoto dorme, diz meu pai. Acorde ele. Minha mãe me acorda, eu vou até meu pai. Ele me ensina a escrever os números e as letras. O número que eu mais gosto de desenhar é o 2, porque é como um patinho. Tenho muitos cadernos cheios de patinhos. Sei escrever meu nome também:

Cristian Omar Sosa Villada

Meu pai mostra envaidecido o caderno, eu tenho quatro anos e ele está orgulhoso, diz: "O cara só tem quatro anos, olha a letra dele". As pessoas se espantam. Tem noites que não quero comer, aí meu pai chega. Então ele me senta no seu colo e me mostra como passar o pão em cima da coisinha amarela do ovo. E tem noites, quando ele chega, que eu não tenho fome. Então não quero comer e ele fica com raiva, porque anda sempre com raiva porque bebe muito diz minha mãe e ele tira o cinto e me bate. É por isso que minha mãe veio me defender e a parede verde-hospital ficou manchada de óleo.

Tenho medo do meu pai e acima de tudo amo muito meu pai. Ontem à noite ele chegou bêbado de novo e eu acordei com medo, como se tivesse sentido medo enquanto dormia. Ouvi minha mãe chorar. Minha mãe é muito jovem. Eu grito para que ela venha dormir e choro também. Minha mãe vem e me pede para ficar em silêncio, por favor. Eu continuo chorando no berço.

Uma noite, minha mãe pede que ele compre uma cama para mim. Não tenho dinheiro para comprar uma cama para ele, diz meu pai. Mas como? Para ir jantar com Cristina você tem dinheiro. Então meu pai faz como se fosse bater nela e minha mãe me pega nos braços e meu pai esconde a mão.

Eles voltam para a cozinha e continuam discutindo.

Eu tenho um cachorrinho que encontrei na rua.

Meu pai está bêbado e se zanga com o cachorrinho, ouço o cachorro gritando de dor e fico mais assustado. Vou para a cozinha e minha mãe está pondo jornais em cima do xixi do cachorro e me diz que nós vamos ter que dar o cachorro, que meu pai não quer mais o cachorro em casa, que ele bateu nele porque ele tinha mijado. Vai dormir, me diz, antes que seu pai volte do banheiro. Quando volto vejo meu primo dormindo de cueca num colchão no chão. Meu primo é lindo e usa uma cueca verde quase tão feia quanto as paredes da casa.

Lembro de uma vez que dormimos num hotel e como meu pai não estava bêbado ficamos acordados até tarde vendo desenho animado.

Mas agora, à noite, não é mais como no hotel.

Meu pai sai do banheiro e continua brigando com minha mãe. Eu grito de medo no berço. Então meu pai entra no quarto e dá uma ordem: Dorme. Eu grito para ele ir embora e nos deixar em paz e ele fica mais irritado e saca uma arma.

Uma arma da polícia, porque meu pai é ou era policial. Ele aponta para mim e me diz para calar a boca.

Dorme.

Eu me calo, na hora.

Meu primo entra de cueca verde.

Meu primo é lindo, muito lindo.

Ele diz: Omar, sossega, olhe o menino. Minha mãe cruza na frente do meu pai e vem sentar na cama. Ela me veste e me pega no colo de novo. Ela me beija e molha meu rosto com suas lágrimas. Vamos dormir na casa de uma vizinha: d. Pepa, que abre a porta preocupada. Menos mal, diz d. Pepa. O que aconteceu com aquele louco?, ela pergunta, e minha mãe não pode dizer nada porque não para de chorar.

Minha mãe tem vinte e cinco anos.

D. Pepa arruma o sofá-cama e nós dois dormimos juntos. Nessa noite, não é preciso que minha mãe aperte minha mão. Durmo enquanto olho para a brasa do cigarro dela. Está tudo escuro, exceto pela brasa que vai e vem e às vezes fica maior e depois mais branda, por causa da fumaça. Da casa da d. Pepa ouvimos os gritos do meu pai.

Já vai passar, minha mãe diz. É essa casa que deixa ele louco.

No dia seguinte, d. Pepa faz o café da manhã para nós. Minha mãe chora enquanto conta, repete Cristina, Cristina, a outra, Cristina. D. Pepa não fala muito, mas liga a TV para mim e eu vejo desenhos.

Meu pai bate na porta. Eu corro e me escondo debaixo da cama. Fico lá até d. Pepa aparecer com meu cachorrinho. Agacha-se. Ela usa um vestido com flores. Ela me dá o cachorrinho e eu durmo debaixo da cama.

Ao meio-dia, meu pai nos leva no carro para o terminal, deixamos meu primo lá e depois todos nós estamos comendo num restaurante. Meu pai, que me faz um carinho, minha mãe, que está com raiva. No caminho para casa, minha mãe me deixa ir na frente com meu pai. Não sei o que sinto. Fico feliz que tínhamos comido juntos, nós três.

Nessa noite, escuto meu pai e minha mãe ao lado do meu berço. Eles se beijam e respiram muito, muito forte, dizem coisas de amor. Eu desperto e começo a cantar, não gosto de ouvir os dois se beijando e dizendo coisas de amor. Então meu pai fica com raiva. Minha mãe me pede para voltar a dormir. Que, se eu dormir, no dia seguinte ela me leva ao bar onde tem o aquário que eu gosto.

Minha mãe cumpre a promessa, ela não é como meu pai que não cumpre as promessas. Ela me leva ao bar do aquário, mas primeiro acende uma vela para a Virgem do Vale. Vamos tomar um suco e, quando voltamos, tem muita gente e um caminhão de bombeiros na frente da nossa casa. Minha mãe corre para desco-

brir o que aconteceu, com medo de que meu pai tenha enlouque-
cido e incendiado a casa, mas não: é que a vela que minha mãe
acendeu queimou a cômoda e depois queimou toda a casa. A casa
é como uma piscina enorme e tem um monte de gente no quintal
assistindo e os bombeiros que estão muito nervosos e andam de
um lado para outro. As paredes feias de hospital agora estão pre-
tas, e o chão é todo de água.

Eles me levam outra vez para d. Pepa e eu durmo sozinho lá.
Não sei onde estão meus pais. Pergunto a d. Pepa se posso dormir
com meu cachorrinho e ela diz que sim. No sofá-cama, durmo abra-
çado ao meu cachorro.

No dia seguinte, acordo com a camiseta molhada. Meu cachorro
fez xixi. Mas eu não conto para ninguém.

Meu pai e minha mãe me buscam.

A vela da Virgem do Vale queimou toda a casa.

Eles me deixam brincar na casa, que parece uma piscina enorme.

No canto do banheiro, encontro meu caderno onde treino a
escrita dos números e letras. Está todo molhado e manchado. Na
capa tem um sol com uma cara feliz, nuvens com caras felizes, meu
pai com uma cara feliz, minha mãe com uma cara feliz e eu com
uma cara feliz. Como eu uso lápis de cor para escrever e desenhar,
a capa do caderno não ficou manchada. Em cima está escrito: cris-
tian omar sosa villada

E mais acima, as manchas de óleo na parede se esconderam sob
a fuligem.

O bom de tudo isso é que meu pai esquece que não quer que meu
cachorrinho fique em casa, então fico com ele, e essa era a única
coisa que me preocupava.

A marca FSC® é a garantia de que
a madeira utilizada na fabricação
do papel deste livro provém de
florestas gerenciadas de maneira
ambientalmente correta, socialmente
justa e economicamente viável e de
outras fontes de origem controlada.

Copyright © 2018 Camila Sosa Villada
Copyright da tradução © 2024 Editora Fósforo

Todos os direitos reservados. Nenhuma parte desta obra pode ser reproduzida, arquivada ou transmitida de nenhuma forma ou por nenhum meio sem a permissão expressa e por escrito da Editora Fósforo.

Título original: *El viaje inutil. Trans/escritura*

DIRETORAS EDITORIAIS Fernanda Diamant e Rita Mattar
EDITORA Eloah Pina
ASSISTENTE EDITORIAL Millena Machado
PREPARAÇÃO Cristina Yamazaki
REVISÃO Gabriela Rocha e Eduardo Russo
DIRETORA DE ARTE Julia Monteiro
CAPA Powerpaola
PROJETO GRÁFICO Alles Blau
EDITORAÇÃO ELETRÔNICA Página Viva

Dados Internacionais de Catalogação na Publicação (CIP)
(Câmara Brasileira do Livro, SP, Brasil)

Sosa Villada, Camila
  A viagem inútil : trans/escrita / Camila Sosa Villada ; tradução Silvia Massimini Felix. — São Paulo : Fósforo, 2024.

  Título original: El viaje inutil.
  ISBN: 978-65-6000-002-5

  1. Autobiografia na literatura 2. Ensaios argentinos 3. LGBTQIAPN+ — Siglas I. Título.

23-187284   CDD — Ar864

Índice para catálogo sistemático:
1. Ensaios : Literatura argentina   Ar864

Eliane de Freitas Leite — Bibliotecária — CRB-8/8415

Editora Fósforo
Rua 24 de Maio, 270/276
10º andar, salas 1 e 2 — República
01041-001 — São Paulo, SP, Brasil
Tel: (11) 3224.2055
contato@fosforoeditora.com.br
www.fosforoeditora.com.br

Este livro foi composto em GT Alpina e
GT Flexa e impresso pela Ipsis em papel
Pólen Bold 90 g/m² da Suzano para a
Editora Fósforo em abril de 2024.